社会調査の基本

杉山明子 [編著]

朝倉真粧美
氏家　豊
小野寺典子
河野　啓
森本　栄一 [著]

朝倉書店

編著者

杉 山 明 子　　前東京女子大学教授

著　者 (五十音順)

朝倉真粧美　　株式会社ビデオリサーチ
氏 家　　豊　　昭和女子大学
小野寺典子　　日本放送協会放送文化研究所
河 野　　啓　　日本放送協会放送文化研究所
森 本 栄 一　　株式会社ビデオリサーチ

はじめに

　政治・経済・社会・教育・生活など，社会のあらゆる分野で，調査が活用されるようになって久しい．たとえば新聞・テレビのマスコミ各社は，選挙になれば選挙予測を，日常的に内閣や政党の支持率を，それぞれの世論調査に基づいて発表している．その測定手法も，個人面接法，配付回収法，郵送法，RDD さらにはインターネット調査まで，さまざまである．世論調査とよんだり，アンケート調査といったり，多くの「調査」が世の中に氾濫しているが，一方で，その「真贋」を問う声も少なくない．結果は同じようにパーセンテージで示されてしまうので，大事な方針決定のための調査が，もし手抜きをされたようなものであったならば，重大な影響を与えかねないからである．ひいては社会調査・世論調査そのものの評価を下げてしまわないか，と心配している．

　本書では，大学で社会調査を学ぼうという人，社会調査を実施している人，あるいは社会調査の結果を利用する人たちを対象に，社会調査の基本となる考え方を，できるだけ実例に即して具体的に説明した．数式は少なめに，調査データの実例はできるだけ多く，また表現もできるだけわかりやすくした．なお，通常の統計学の本で詳述されていない式を使用する場合に限って，その証明式を付してある．必要のない方はそこを読みとばされてかまわない．

　この書によって，少なくとも社会調査の真贋を区別できる目が養えるとともに，基本に則った調査を実施したり，利用したりできるようになることを期待している．

　本書の前身は，1984年に刊行された筆者による同名書である（シリーズ「現代人の統計」，林知己夫編）．この旧著をもとにしつつも，最近の社会調査をとりまく社会環境や制度の変化（法規制，処理技術，利用目的など）を踏まえた修正をした．修正にあたっては，現在，調査実務に従事している研究者たちに執筆を依頼した．その結果，執筆者それぞれがかかわった調査や研究に基づく知見も

新たに加えることができ，充実した一書となった．

　当初予定した以上に修正などが増えたのは，それだけ調査をとりまく環境が変わったからにほかならないわけだが，「ランダムサンプリングと個人面接法」という社会調査の「基本」を，改めて明確に提示することができたものと自負している．

　本書の執筆・編集にあたっては，調査・研究を指導してくださった先生，一緒に調査実務や研究に携わってきた方々，さらには，調査に協力していただいた方々など，ひじょうに多数にのぼる．紙幅の都合上，一人ひとりのお名前をあげられないが，心より感謝の意を表したい．
　なお，本書は担当編集者の強い薦めにより実現したもので，その熱意に敬意を表したい．
　　2011年2月

杉 山 明 子

目　　次

1. 社会調査の概要 ……………………………………………………… 1
   1.1 社会調査の種類 ………………………………………………… 1
   1.2 全数調査とサンプル調査 ……………………………………… 2
   1.3 世論調査の現況 ………………………………………………… 5

2. サンプリングの基礎理論 …………………………………………… 7
   2.1 サンプリング …………………………………………………… 7
   2.2 無作為抽出法 …………………………………………………… 8
   2.3 サンプリング誤差 ……………………………………………… 14
   2.4 系統抽出 ………………………………………………………… 18
   2.5 段階抽出：二段・多段抽出 …………………………………… 21
   2.6 層別抽出 ………………………………………………………… 23

3. サンプリングの実際 ………………………………………………… 26
   3.1 抽出単位 ………………………………………………………… 26
   3.2 抽出台帳 ………………………………………………………… 27
   3.3 サンプル数の決め方 …………………………………………… 35
   3.4 調査地点数の決め方：二段抽出の実際 ……………………… 37
   3.5 層別抽出の実際：全国調査の場合 …………………………… 45
   3.6 系統抽出の実際 ………………………………………………… 47
   3.7 ウェイトづきサンプリング …………………………………… 49
   3.8 代替サンプルを使用すべきではない理由 …………………… 50

4. 調　査　方　式 ……………………………………………………… 52
   4.1 調査方式の種類と特徴 ………………………………………… 52

目　次

- 4.2　個人面接法 …………………………………………………… 53
- 4.3　配付回収法 …………………………………………………… 58
- 4.4　郵送法 ………………………………………………………… 59
- 4.5　電話法 ………………………………………………………… 61
- 4.6　調査方式に関する実験調査 ………………………………… 62

5. 調査票の設計 …………………………………………………… 72
- 5.1　調査票の基本原則 …………………………………………… 72
- 5.2　質問文の作成要領：質問の形式 …………………………… 74
- 5.3　回答の形式 …………………………………………………… 77
- 5.4　属　性 ………………………………………………………… 81
- 5.5　無回答の分析：回答しにくい質問と回答しない人たち … 85

6. 調査実施―個人面接法の場合― …………………………… 95
- 6.1　調査員の条件 ………………………………………………… 95
- 6.2　調査実施と管理 ……………………………………………… 95
- 6.3　調査終了後の点検 …………………………………………… 99
- 6.4　調査実施監査 ………………………………………………… 100
- 6.5　調査の環境 …………………………………………………… 101

7. 調査不能とサンプル精度 ……………………………………… 104
- 7.1　調査不能率の変遷 …………………………………………… 105
- 7.2　調査不能の発生状況 ………………………………………… 107
- 7.3　調査不能の理由 ……………………………………………… 110
- 7.4　調査不能の対策 ……………………………………………… 115
- 7.5　調査不能のサンプル構成への影響 ………………………… 118
- 7.6　調査不能の調査結果への影響 ……………………………… 121
- 7.7　調査誤差の総合評価 ………………………………………… 123
- 7.8　有効サンプルの属性構成 …………………………………… 126

8. 集　計 …………………………………………………………… 128
- 8.1　コーディング（回答の符号化）……………………………… 129

8.2　データ作成 ……………………………………………………………… 133
　　　8.3　集計の仕方 ……………………………………………………………… 134

9.　推　定　・　検　定 ………………………………………………………………… 138
　　　9.1　パーセントの推定 ……………………………………………………… 140
　　　9.2　平均値の推定 …………………………………………………………… 141
　　　9.3　パーセントの差の検定 ………………………………………………… 142
　　　9.4　互いに独立な平均値の差の検定 ……………………………………… 146

10　分　析　・　報　告 ………………………………………………………………… 147
　　　10.1　報告書の体裁 …………………………………………………………… 147
　　　10.2　データをみる …………………………………………………………… 151
　　　10.3　より深い分析を行う …………………………………………………… 155
　　　10.4　報告書を書く …………………………………………………………… 164

付　　　　　録
　　　A．継続調査の企画：「日本人の意識」調査を例に ……………………… 166
　　　B．抽出台帳がない場合のサンプリング ………………………………… 171
　　　C．調査実施計画 …………………………………………………………… 175

文　　　　　献 ………………………………………………………………………… 180
索　　　　　引 ………………………………………………………………………… 184

○**執筆分担一覧**（改訂担当／新規執筆担当）
　　杉山明子　　　編著者，1〜9章，付録C／9.3節
　　朝倉真粧美　　―／付録B
　　氏家　豊　　　1, 4, 5, 6章／―
　　小野寺典子　　1, 3, 7章／3.8, 4.6節
　　河野　啓　　　5, 8章，付録C／10章，付録A
　　森本栄一　　　8, 9章／―
　　＊分担は以上であるが，章をまたいで相互に目を通し修正を行った．

1. 社会調査の概要

1.1 社会調査の種類

社会調査とは，社会における種々の現象を科学的データとして把握し，社会現象の解明に対処する指針を与え，目標を定めるための手段である．社会調査は種々の分野を含むが，この本では，おもに世論調査の例を元に，データ収集からデータ分析までを取り扱う．

社会調査はその目的・内容，あるいは調査対象・地域，さらに調査方式によって，さまざまな種類に分類される．

市場調査・世論調査・統計調査　主として目的による区別であり，市場調査とは，企業が新商品の販売に先立ち消費意向を探る場合など，マーケティングに関するあらゆる調査が含まれる．世論調査とは，社会に起こるさまざまな現象についての人々の意識，あるいは生活の実態を知るための調査である．なお，そのほか，政府が施策のために実施する国勢調査をはじめとした統計調査（政府統計）などがある．

全国調査と特定地域調査　調査地域の範囲を全国にするか，ある特定の地域に限定するかの違いである．限定の仕方は，地方，県，市町村，市町村の中の一地域，あるいは都市と農村との比較など，必要に応じてさまざまである．

特定層調査　小・中学生の生活，青少年の意識調査など，調査対象を年齢で限定したり，働く女性の生活意識，大学生調査など，職業・学歴のある層を調査する場合を特定層調査という．

世帯調査と個人調査　調査の単位が世帯か個人かの違いである．テレビの視聴率に例をとると，世帯の中で誰でもよいから一人でも見ていれば見たとして数えるのが世帯視聴率，一人一人が見たか見ないかを調べるのが個人視聴率である．

調査方式　調査相手からの回答のとり方による分類である（詳細は4章参照）．面接法は，調査員が相手に直接面接して回答を得る．配付回収法は，調査

員が調査票を配付し，調査相手が自分で回答を記入し，その後，調査員が回収する方法である．郵送法は，調査票の配付・回収を郵便で行い，調査相手自身が調査票に回答を記入する．電話法は，電話を通じて調査員が調査相手に質問をして，回答をとるものである．

　プリテスト　　調査結果を得るための本調査に先立って，調査方法や質問文の検討，回答分布の見当をつけるためプリテストを実施する．調査相手数は少なくてもよいが，できるだけ多種多様のケースを調べるようにする．

　実験調査　　調査方法の研究・開発のため，調査の実施条件を変えたいくつかの調査を行いその結果を比較する．たとえば，面接法と電話法など調査方式による回答分布の差異をみるための実験調査や，質問文の作り方・配列などによる回答分布の差異をみるための実験調査がある．

　全数調査とサンプル調査　　調査対象全員を調査するのが全数調査で，調査対象の一部を調査するのがサンプル調査である（1.2 節参照）．

1.2　全数調査とサンプル調査

　社会調査には，調査対象の全員（全体）を調査する全数調査と，調査対象の一部を調査するサンプル調査がある．全数調査は，国勢調査に代表されるように，調査対象全体を調査相手とするものであり，サンプル調査は，世論調査のように，調査対象の一部を調査相手とするものである．

　1）　全数調査の例（国勢調査）

　国勢調査は，調査対象を日本人全員とし，10 月 1 日現在の居住地において，世帯ごとに，ふだん住んでいる人をもれなく調査する．

　日本の国勢調査は，1920（大正 9）年を第 1 回とし，5 年ごとに簡易調査と大規模調査が交互に行われている．2010（平成 22）年はその 19 回目で大規模調査が実施され，世帯員一人一人について氏名，男女別，世帯主との続柄，生年月日，配偶者の有無，前住地，教育，職業，収入，住居など 20 項目にわたって調査している．事前に各世帯に配付された調査票に，世帯の一人一人について，2010 年 10 月 1 日午前 0 時現在の状態を記入し，その後回収する方法をとる（配付回収法）（2010 年の調査では，インターネット上での回答や郵送での返送も認められ，調査方式が変わった）．

　図 1.1 は，全国の年齢別人口を，1920 年と 2005 年を比べてみたもので，1920 年はいわゆる「ピラミッド型」の分布を示していたのが，2005 年では，

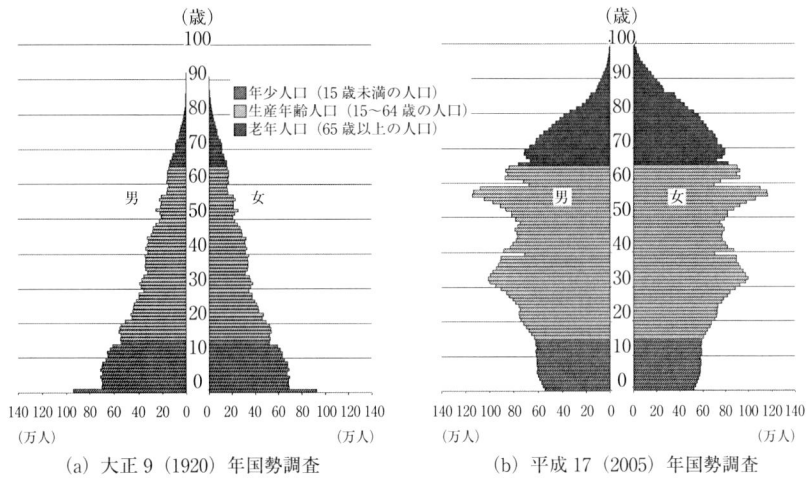

(a) 大正 9（1920）年国勢調査　　(b) 平成 17（2005）年国勢調査

図 1.1　全国の年齢別人口分布（総務省統計局 HP より転載）

「ビヤ樽型」に変わってきたことが読み取れる．図 1.1 では人数単位で表示しているが，全人口に対する百分比（%）で描くこともできる．人数，%のいずれの場合も，国勢調査は全数調査であるのでサンプリングによる統計的誤差のない値であり，全国を県，市区町村，字まで細分することができ，1 人あるいは 0.1% もの値までの結果をそのまま利用できる．調査結果は，選挙区の定数の算出基盤，教育施設の整備をはじめとした自治体の諸施策の基礎資料などの他に，民間の事業活動などにも広く利用されている．

2）　サンプル調査の例（NHK 国民生活時間調査）

NHK の国民生活時間調査は，10 歳以上の国民を対象としたサンプル調査である．この調査は，1960 年に戦後第 1 回を実施して以来，5 年おきに実施されている．また，1990 年までは，調査相手が自由に記入した行動を後から分類するアフターコード方式であるが，1995 年より，事前に行動名が印刷された「時刻目盛り日記式」による行動名の欄に線を引くプリコード方式に変更されている．調査相手は，連続 2 日間の生活行動を自分で記入する．調査票は調査対象日の前日に配付され，調査対象日の翌日に回収される（配付回収法）．2005 年の調査では，1 回あたり 1800 人，合計 12600 人（7 回分）の調査相手のうち，7718 人（61.3%）から回答を得た．

サンプル調査による結果であるから，表 1.1 の数字にはサンプリング誤差が

表 1.1 学生の「授業・学内活動」の 30 分ごとの「土曜午前中」の平均行為者率（％）
（NHK 国民生活時間調査）

調査年＼時間帯	前9時	(30)	10時	(30)	11時	(30)	12時	(30)
2000年	61	62	62	61	59	51	27	19
2005年	26	27	27	27	26	26	18	14

注）学生は，「小・中・高校生」「大学（院）生」「専修学校生」「各種学校生」をひとまとめにしたもの

ともなう．その誤差の大小は，サンプルの大きさと回答の比率（出現率）とに支配される．この点の詳細については第 2 章で述べるが，いずれにせよ前述の国勢調査（全数調査）の場合とは異なり，国民生活時間調査（サンプル調査）では，結果にいくらかのあいまいさをともなうのである．

表 1.1 は，児童・生徒・学生で土曜日の校内活動を行った者の，2000 年と 2005 年の比率の比較である．2000 年と比較して 2005 年の午前中は，サンプリング誤差を考慮しても比率が高く，2002 年の公立学校の完全週 5 日制実施が影響していると考えられる．

3） 全数調査とサンプル調査の比較

全数調査は，少数の層の結果まで分析できる代わりに，経費・時間・労力がかかり，調査対象が大きい場合には，なかなかできない調査である．一方，サンプル調査はそれに比べ経費・時間・労力が少なくて済む．また調査結果にサンプリング誤差をともなうことは避けられないが，全体の数が少ないため，調査員の訓練や管理が行き届き，調査の実施や点検・集計などの作業を正確に行いやすく，非サンプリング誤差は小さい（表 1.2）．

どちらも一長一短があるが，調査目的から考えて，サンプル調査を用いることが多い．本書では，サンプル調査を中心に説明する．

表 1.2 全数調査とサンプル調査の比較

	全数調査	サンプル調査
サンプリング誤差	なし	あり
非サンプリング誤差	大	小
調査員	非熟練	訓練して熟練
費用	莫大	適当
機動性	小回りがきかない	機動的
時間	多	少
労力	大	小

1.3 世論調査の現況

日本で行われている世論調査の現況を，『世論調査年鑑』（内閣府編集．同 HP でも公開されている）でみてみよう．これは政府機関，都道府県，市・区，大学，マスコミ，一般企業，各種団体などに，調査主体として企画・実施した調査を照会した結果である．

ここでは対象とする世論調査の範囲として，次の条件をあげている（『世論調査年鑑』では，これを日本における世論調査の一応の水準としている）．

① 個人を調査対象とする調査であること．
② 調査対象者（母集団）の範囲が明確に定義されていること．
③ 意識に関する調査であること．
④ 調査対象者数（サンプル数）が 500 人以上であること．
⑤ 調査事項の数（質問数）が 10 問以上であること．
⑥ 調査票（質問紙）を用いた調査であること．

この報告によると，2006 年 4 月 1 日から 1 年間に，484 の機関で 1270 の世論調査が実施された（表 1.3）．1965 年の 480 以来，多少の増減がありながらも，おおむね増加の傾向を呈しており，2006 年には 1270 に達している．

表 1.3 調査主体と調査方式（『世論調査年鑑　平成 19 年版』より作成）

	個別面接聴取法	郵送法	個別記入法	電話法	集団記入法	その他	2つ以上を併用したもの	計
政府機関・政府関係機関	19	9	8	—	—	7	1	44
都道府県・同教委・同選管など	8	73	23	—	8	15	7	134
市・同教委・同選管など	8	668	96	2	18	9	40	841
大　学	1	21	36	—	9	4	1	72
新聞社・通信社	36	7	1	53	4	—	—	101
放送局	—	—	5	8	—	1	—	14
一般企業	1	3	4	—	—	2	—	10
各種団体（大学除く）	3	12	10	—	2	5	6	38
専門調査機関	4	6	1	5	—	—	—	16
総　数	80	799	184	68	41	43	55	1270
平均回収率（%）	64.4	47.2	63.4	60.3	82.2	60.4	64.0	53.1

調査のテーマは，地方自治行政問題（272）が多く，次いで教育・青少年・子育て（163），地域社会（コミュニティー）（158）である．

調査主体は，市・区またはその教育委員会・選挙管理委員会が841で過半数を占めており，そこでのテーマは地方自治行政問題が比較的多くなっている．

調査方式は，郵送法（799）が最も多く，次いで個別記入法（配付回収法）（184），個別面接聴取法（個人面接法）（80）となっている．ほとんどがマスコミによって利用されている電話法（68）は，これらに次いでいる．面接法は1980年代をピークに次第に減少傾向を示しており，これに対して郵送法は1965年から次第に増加の傾向を示している．郵送法が多くなった背景には，県や市・区など地方自治体の郵送法調査の増加がある．郵送法は有効率が概して低いとされてきた．ところが，近年，調査によっては8割近くの有効率を得る場合もあり，昨今の調査相手側の事情を考慮した方式としても見直されてきている．

調査相手を抽出する台帳は，住民基本台帳（656）が最も多く過半数を占めている．

表 1.4 調査主体と抽出台帳（『世論調査年鑑』，2006年より作成）

	住民基本台帳	選挙人名簿	電話帳	その他	台帳を使用せず	2つ以上を併用したもの
政府機関・政府関係機関	27	—	—	12	2	3
都道府県・同教委・同選管など	43	26	4	28	24	9
市・同教委・同選管など	557	22	—	147	51	64
大学	4	5	—	36	26	1
新聞社・通信社	15	26	4	1	54	1
放送局	3	—	1	2	8	
一般企業	1	—	—	23	8	1
各種団体（大学除く）	6	—	—	23	8	1
専門調査機関	—	—	4	5	5	2
計	656	79	13	259	181	82

注）「新聞社・通信社」での「台帳を使用せず」（54）ではRDD方式による電話調査であり，「市・同教委・同選管など」での「その他」（147）では，おもに個別具体的な名簿にもとづく調査が多いことがよくわかる．

2. サンプリングの基礎理論

2.1 サンプリング
1) 母集団，サンプル，サンプリング

調査によって知りたい対象全体を母集団，全体から取り出された一部分をサンプル（標本，調査相手の集合），母集団からサンプルを取り出すことをサンプリング（抽出）という．サンプル調査では，母集団全体を調査する代わりに，その一部分であるサンプルを調査し，一部の結果から全体を推定する．

「東京都知事選挙」調査の場合で考えてみよう．調査によって知りたいのは'知事選挙での投票行動'である．はたしてどのくらいの人が投票に行くか，そしてどの候補者に投票するか，ふだんの支持政党は何党かなどを知りたい．この知りたい事柄のことを'標識'とよぶ．

東京都の有権者すべてに，全標識についての調査をすればよいが，それは時間的にも，労力・経費の上からも不可能である．そこで，全体から一部の有権者を抽出して，これら標識についてのサンプル調査を行う．

2) 母集団・調査対象・調査相手

上の場合の"東京都の有権者全員"を調査対象とよび，この人たちすべての'知事選挙での投票行動'を母集団とよぶ．すなわち，母集団とは，問題とする標識の全体のことである．調査対象は標識を担う人たちの集合である．一般に，調査の概要を単に記述するときには調査対象を用い，サンプリング誤差や検定・推定などの統計的な説明のときには母集団を用いる．

また，調査対象と調査相手との混用も多い．調査対象とは，知りたいもの全体に対する呼称であり，サンプルに対しては用いない．調査相手とは，実際に調査をするサンプルのことである（それが世帯なら調査世帯という）．しかし，質問が個人と世帯両方にわたる場合や，物価や賃金などの実態に関する調査などでは，往々にして，調査相手のことを調査対象とよぶきらいがある．

3) 有為抽出法か無作為抽出法か

サンプルの抽出の方法には，有為抽出法と無作為抽出法とがある．

有為抽出法とは，できるだけ全体を代表するようなサンプルを有為に決める方法で，割当法，典型法などがある．

割当法は，年齢別構成・男女別構成・地域別構成などが調査対象の構成に一致するように，調査相手の人数を割り当てる．典型法は，調査対象をいくつかの似ている群に分け，それぞれの代表的なものを選び出す方法である．たとえば，都市と農村に分け，都市から東京都の人を，農村から秋田県の人をそれぞれの典型として選び出す．

無作為抽出法とは，くじを引く，サイコロをふる，乱数表を引くなど偶然にゆだね，調査相手を選ぶ方法である．

有為抽出法による調査の結果から，全体の結果を統計的に推定することはできない．これに対し無作為抽出法は，サンプル調査の結果から，全体の結果を統計的に推定できる．この違いはたいへん重要であり，有為抽出法の結果はただそれだけのものであるのに比べ，無作為抽出法の結果は，「調査対象全体の結果を推定できる」という利点をもっている．

一般的には，サンプル調査は，無作為抽出法を前提としている．

4) サンプリング誤差

サンプル調査では，一部の結果から全体を推定しているから，当然，サンプリングによる誤差が存在する．その誤差の大きさは，信頼度・サンプリング方法・サンプルの大きさ・結果パーセントなどに支配される．

ここで信頼度とは，サンプルでの結果から，母集団での状況を推測するときの，確からしさの程度を示している．社会調査では，信頼度95%を用いるのが一般的である．もっと厳密性を要求される薬の効用テストのような場合には信頼度99.7%を用いる．

無作為抽出法には，調査目的・調査対象によって種々の方法があるが，社会調査では，層別無作為段階抽出法がよく用いられる．それらの基礎をなしている無作為抽出，段階抽出，層別抽出それぞれについて，その考え方，方法，サンプリング誤差などを，次節以下で述べる．

2.2 無作為抽出法

無作為抽出法（ランダム・サンプリング法）は，サンプルを偶然にゆだねて

抽出する方法である．そのため，"サイコロをふる"，"乱数表を引く"，"トランプを引く"などの手段があり，これらを単純ランダム・サンプリングとよぶ．いずれの場合も，調査対象に属するすべての人が，まったく等しい確率でサンプルに当たるようになっている．南や北の町はずれで買った人も中央で買った人も，またどんな番号であっても，当たるチャンスの等しい"宝くじ"のような公正さが，サンプリングには大事である．

1) サイコロによる無作為抽出

サンプリングに使うサイコロは，ふつうの立方体のサイコロより，正20面体のサイコロ（図2.1）のほうがよい．立方体のサイコロには1〜6までの数字しかないが，20面体サイコロには，0〜9までの数字がそれぞれ2回ずつ書いてある．したがって，20面体サイコロをふれば，0〜9までの数字が，ほぼ均等に出てくるので，10進法の場合に適している．

図2.1 正20面体サイコロ（乱数サイ）（写真提供：project CASE）
写真は日本規格協会販売の乱数サイ．偏りが出ないように精度が高くなっている

▷**例1** 450人の調査対象（生徒）から90人のサンプル1つを抽出する場合

3個の色違いの20面体サイコロを用いる．仮に赤青黄3個として，赤いサイコロは100の位の数，青いサイコロは10の位の数，黄のサイコロは1の位の数，とあらかじめ決めておく．

3個の20面体サイコロをふって，出た目の数を3桁の数字としてよむ．赤が2，青が8，黄が5となったとすると，285が1番目の当たり番号となる．2番目以降も同様にくり返し，当たり番号を決める．もし，総数450をこえる数や，前に一度出た数の場合はふり直す．そしてサンプルの大きさ90個の当たり番号が決まるまでサイコロをふりつづける．

立方体のサイコロ3個（赤，青，黄）を使用して，これと同様のサンプリングをするとすれば，3桁の当たり番号を決めるまでの仕方が複雑になる．

サイコロを2回ふって一つの数を決める．1回目が奇数なら2回目に出た1〜5の目を当たり番号とし，1回目が偶数なら2回目は出た目に5を加えて6〜0（目が5のとき，5を加えて10になり，それを0とみなす）の当たり番号を決める．1回目が奇数・偶数にかかわらず，2回目が6の目のときには，1回目からやり直

す（表 2.1）．

表 2.1 当たり番号の決め方（ふつうのサイコロ（立方体）の場合）

	1 回目サイコロ	2 回目サイコロ	決定数
赤	4　（偶数）	5	+5 = 10 → 0
青	1　（奇数）	2	2
黄	2　（偶数）	6	……………→ ふり直し
ふり直し			
黄	6　（偶数）	3	+5 =　　 8

→当たり番号 – 028

2) 乱数表による無作為抽出（乱数表の使い方）

調査対象やサンプルの大きさが小さいときには，サイコロをふる仕方は手軽であるが，規模が大きくなると大変である．また，常にサイコロを持ち歩いたり，調査員に配付するのは実際的でないので，そのようなときには，乱数表が便利である[*1]．

何桁の乱数が必要かによって，使用する乱数表が異なる．

　　1 桁の乱数が欲しいときには………………1 桁乱数表
　　2 桁の乱数が欲しいときには………………2 桁乱数表
　　3 桁の乱数が欲しいときには………………3 桁乱数表

もし，4 桁以上の乱数が欲しいときには，4 桁乱数表を必要な桁に区切って使用する．乱数表を使いはじめる場所が，いつも同じ所にならないように注意する．そのため，使うページを開いたら，

　① どこから使いはじめるか，
　② どの方向へ読み進むかを決める．

たとえば，目をつぶって指で押さえた場所から，鉛筆が倒れた方向に進むことにする．3 桁乱数表の一部を表 2.2 に示したが，この 3 桁乱数表は 000〜999 の数字がランダムに並んでいる．

　[*1] 乱数は，コンピュータ上で容易に発生させることができる．また，統計数理研究所 HP の「乱数ポータル」でも乱数を入手できる．

▷**例 2**　450 以下の乱数

例 1 の 450 人の生徒から，90 人のサンプル 1 つを抽出する例を乱数表でみよう．450 以下の数であるから，3 桁乱数表を使用して，001〜450 の乱数を 90 個決める．

表 2.2　3 桁乱数表の例

614	596	053	943	193	649	163	112	198
271	033	730	125	110	515	130	080	297
731	755	890	505	886	778	600	495	491
152	859	880	455	619	582	820	647	362
918	240	796	693	832	665	331	774	709
▲→								
233	050	098	136	967	269	315	415	593
949	947	373	413	063	404	924	042	335
241	754	498	851	622	710	984	402	546

　乱数表を，上から 2 群目の左から（表 2.2 で▲の所）3 桁の数字として横に読んでいく．001〜450 までを使い（＿），451 以上は使わない（×印）．

×
<u>233</u>　<u>050</u>　<u>098</u>　<u>136</u>　967　<u>269</u>

6 個の乱数のうち，450 以下の 5 個の当たり番号が決まった．以下順に同様の作業をつづけ，90 個の乱数を決定する．

3)　乱数表の作成

　印刷してある乱数表は，利用するには手軽だが，長いあいだ使用していると，いつかは同じ乱数を使う心配がある．また，たくさんの種類のサンプリングを計算機で行うときには，プログラムを作っておいたほうが，乱数を自動的にかつ迅速に発生できるので便利である．

　物理乱数と算術乱数　　乱数を発生させる方法としては，計算機で行う算術乱数の発生（宮武・中山，1960）と，宇宙線や放射性元素を用いる物理乱数の発生とがある．

　算術乱数には，平方採中法，合同法，くくり合わせ法などの方法があるが，いずれも，長いとはいえ，ある周期をもって同じ数列がくり返されるので，真の意味での乱数とはいえず，擬似乱数とよばれている．

　しかし，物理乱数は原理的には完全な乱数が得られる一方，発生の装置を作る必要がある．算術乱数は擬似乱数ではあるが，乱数の再現性があり，かつコンピュータで処理できるので，社会調査ではふつうこの算術乱数が使用される．その方法に，平方採中法や合同法がある．

平方採中法：　初期値として，偶数 ($2n$) 桁の数字 X_0 を与える．この X_0 を自乗して，その真中の $2n$ 桁の数字を X_1 とする．以下 X_1 について同様のことをくり

返し X_2, X_3, …の乱数列を作る．
　合同法：乗積法は，合同式　　　$Xn+1 = KXn \pmod{M}$
によって，乱数列 X_0, X_1, X_2, …を作る．相加法は，計算機の計算時間を短くするために乗法の代わりに加法を用いる．計算速度が速くなる代わりに，乱数の周期が短くなる．

カード乱数　　算術乱数で作成した乱数表を使用していて，なにかしらの偏りを見つけることがある．たとえば，ある数字が偏って多いとか，逆に少ないとかに気がつく．算術乱数では，かなり長い数列でランダム性が保証されているので，その一部分を印刷して乱数表にすると，なにかしらの偏りがあるのも仕方ない．

そこで，少なくとも数の出現頻度が均等になっている乱数表を，"カード乱数"とよぶ方法で作成する（杉山，1984）．カード乱数とは，トランプや花札でするように，カードをよく切って並べかえるもので，その並べかえのために算術乱数を利用する．3桁のカード乱数を例に，その作成方法を述べる．

000～999の3桁の数をそれぞれ記入した1000枚のカードを想定し，次の手順で，ランダムに並べかえる．

① 000～999の数の順にカードを一列に並べ，1番から番号をふる（カード列）．
② カード枚数以下の算術乱数を発生させ，その数に該当する番号のカードをカード列からとりだし，乱数列に移す．
③ カード列の，今とりだされ空いた所に，カード列の最後尾のカードを移す．カード列は1枚減ったことになる．

以下，①～③の作業をカード列がなくなるまでくり返すと，乱数列ができあがる．これをカード乱数表とよぶ．この1000枚のカードには，3000字の数が含まれている．

4) 乱数の検定

できあがった算術乱数が真の乱数といえるかどうかを調べる方法として，次の種々の検定がある．

① **頻度検定**：各数字がほぼ均等に出現しているかどうかを調べる．1桁の頻度検定では0～9の10種の数字の出現回数を調べ，出現回数が等しいとした場合

との χ^2 検定をする（2桁の場合は00〜99，3桁の場合は000〜999の出現回数）．
② **継次検定**：1字ずつ順にずらした，相つぐ二つの数字，00〜01, 02, …, 99 までの100通りの数字の頻度を数え，出現回数が等しいとした場合との χ^2 検定をする（相つぐ三つの数字，相つぐ四つの数字についても同様）．
③ **組合せ検定**：2桁の場合は相つぐ二つの数字が同じか否かを調べ，その理論分布との χ^2 検定をする（3桁の場合は，三つとも同じ，二つ同じ，全部違う）．
④ **ギャップ検定**：乱数表の数字を順にみていって，各数字がどれくらいの間隔をおいて出現するかを調べ，1桁の場合は0〜9の数字が一様に分布しているとしたときの理論分布との χ^2 検定をする（2桁では00〜99）．
⑤ **系列相関検定**：乱数の2列ずつをとり，その数列の間に系列相関関係があるか否かを検定する．
⑥ **連の検定**：乱数が平均より上'+'か，下'−'かにおきかえ，±の記号の連続の長さの分布と，その理論分布との χ^2 検定をする（1桁では，0〜4を'−'，5〜9を'+'とし，2桁のときには，00〜49を'−'，50〜99を'+'におく）．

5) カード乱数表のランダム性

カード乱数表と算術乱数表とについて，乱数の検定をしてみると，表2.3に示すように，カード乱数表のほうが算術乱数表より，偏りが少ない．

カード乱数表，算術乱数表いずれも100組ずつ作成して，その平均をとっている．

表 2.3 カード乱数表と算術乱数表の精度比較（100組平均）

	カード乱数		算術乱数
1桁乱数			
組合せ(5桁)	6.0	<	6.3
ギャップ	48.6	<	49.1
連	10.4	>	10.2
2桁乱数			
組合せ(2桁)	0.0	<	0.8
ギャップ	101.4	<	106.8
連	10.7	>	9.6
3桁乱数			
組合せ(3桁)	0.0	<	2.0
連	9.6	<	9.9

2.3 サンプリング誤差

サンプルでの結果から，母集団での結果を推定するときには，一部から全体を推定するのであるから，誤差をともなうのは，どうしても避けられない．

では，サイコロや乱数表で抽出する，いわゆる単純ランダム・サンプリングでサンプルを抽出した場合には，どのくらいの誤差をもつのだろうか．

単純ランダム・サンプリングは，ランダム・サンプリングの基本であるので，その誤差を単に，サンプリング誤差とよぶ．以下にそのサンプリング誤差について，くわしく述べる．

1) 平均値のサンプリング誤差

サンプリング誤差 (E) は，母集団の大きさ (N)，母集団での平均値 ($\bar{X}$)，母集団での分散を (σ^2)，サンプルの大きさ (n)，サンプル調査での平均値 ($\bar{x}$) とすると，次の算式で求まる[*2]．（信頼度 95％）

$$E = 1.96\sqrt{\frac{N-n}{N-1} \cdot \frac{\sigma^2}{n}} \tag{2.1}$$

$E = |\bar{X} - \bar{x}|$ であるので，母集団での平均値 $\bar{X}$ は次式となる．（信頼度 95％）

$$\bar{x} - 1.96\sqrt{\frac{N-n}{N-1} \cdot \frac{\sigma^2}{n}} < \bar{X} < \bar{x} + 1.96\sqrt{\frac{N-n}{N-1} \cdot \frac{\sigma^2}{n}} \tag{2.2}$$

サンプリング誤差を図示すると，図 2.2 のようになる．

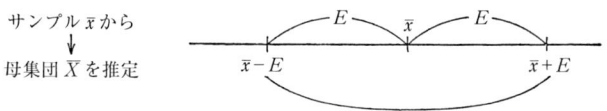

図 2.2　平均値のサンプリング誤差

*2　母分散の式は，　　　$\sigma^2 = \dfrac{1}{N}\sum\limits_{i=1}^{N}(X_i - \bar{X})^2$

　　計算するには，　　　$\sigma^2 = \dfrac{1}{N}\sum\limits_{i=1}^{N}X_i^2 - \left(\dfrac{1}{N}\sum\limits_{i=1}^{N}X_i\right)^2$

2) 信頼度

サンプル調査での平均値 $\bar{x}$ とサンプリング誤差 E から母集団での平均値 $\bar{X}$ は，$\bar{x} \pm E$ の範囲にあると推定できる．可能なすべてのサンプルでの平均値 $\bar{x}$ について，母集団での平均値は $\bar{x} \pm E$ の中にあると推定すると，その推定は 100 回のうち 95 回の割で当たる．このような確率 95％ で当たる推定に対して，信

頼度95%とよぶ．

もし，もっと当たる推定をしたければ，(2.1)式にある係数1.96を大きな数に変えればよい．仮に，係数3にすれば，推定の信頼度は，99.7%に高まる．社会調査はふつう信頼度95%でよく，係数の値1.96を，まるめて2とすることが多い．

3) パーセントのサンプリング誤差

調査の結果はパーセントで表すことが多い．この場合の誤差式は，母集団でのパーセントをPとすれば，次式となる．（信頼度95%）

$$E = 1.96\sqrt{\frac{N-n}{N-1} \cdot \frac{P(100-P)}{n}} \tag{2.3}$$

サンプルでのパーセントをpとすると，$E=|P-p|$であるから (2.3) 式は

$$p - 1.96\sqrt{\frac{N-n}{N-1} \cdot \frac{P(100-P)}{n}} < P < p + 1.96\sqrt{\frac{N-n}{N-1} \cdot \frac{P(100-P)}{n}} \tag{2.4}$$

となる．

4) 有限母集団か無限母集団か

(2.1)〜(2.4) 式の $(N-n)/(N-1)$ は，有限修正項といわれ，母集団が有限のときに意味をもつ．母集団の大きさN，サンプルの大きさn，をいろいろ変えて有限修正項を計算してみる．

表 2.4　有限修正項の値

母集団の大きさ N	サンプルの大きさ	
	$n=400$	$n=1,000$
1,000	0.6	—
5,000	0.92	0.8
10,000	0.96	0.90
100,000	0.996	0.990

表2.4によってもわかるように，母集団の大きさがだいたい10000をこすと，有限修正項の値は1.0に近づく．また，サンプルの大きさを変えても有限修正項の値にはあまり影響しない．

5) 無限母集団のサンプリング誤差

ここで，有限修正項の値がほぼ1.0に近いときには，無限母集団とみなし

(2.1), (2.3) 式の代わりに, 次の無限母集団のサンプリング誤差の式を用いる. (2.1), (2.3) 式で有限修正項 $(N-n)/(N-1)$ を 1 としたのが (2.5), (2.6) 式である.

$$E = 1.96\sqrt{\frac{\sigma^2}{n}} \tag{2.5}$$

$$E = 1.96\sqrt{\frac{P(100-P)}{n}} \tag{2.6}$$

ここで, 母分散 σ^2 は一般的にわかっていないので, サンプルの大きさ n がそうとう大きいときには, サンプルでの分散 s^2 を代用してよい (ウィルクス, 1971). 同様に母集団でのパーセントも一般的にわかっていないので, サンプルの大きさ n が, そうとう大きいときにはサンプルでのパーセント p で代用してもよい (西平, 1985)[*3].

社会調査は一般に, 無限母集団とみなしてよいから, (2.5), (2.6) 式によるサンプリング誤差式を用いるのがふつうである.

[*3]

$$|P-p| < k\sqrt{\frac{N-n}{N-1} \cdot \frac{P(100-P)}{n}}$$

N が十分大きく, $(N-n)/(N-1) \fallingdotseq 1$ のときには

$$|P-p| < k\sqrt{\frac{P(100-P)}{n}}$$

ここで

$$|P-p| = k\sqrt{\frac{P(100-P)}{n}}$$

とおくと

$$(P-p)^2 = k^2 \frac{P(100-P)}{n}$$

$$P = \frac{p + k^2/2n \pm k\sqrt{(1/n)p(100-p) + k^2/4n^2}}{1 + k^2/n}$$

n が大きければ

$$P = p \pm k\sqrt{\frac{p(100-p)}{n}}$$

図 2.3 が示すように, サンプルの大きさが大きくなれば, サンプリング誤差が減少し, サンプルの大きさが小さくなれば, サンプリング誤差が増加する. サンプルの大きさを一定とすれば, 回答比率が 50% のとき, サンプリング誤差が最も大きく, 回答比率が 0%, または 100% に近づくほど, サンプリング誤差は減少する.

2.3 サンプリング誤差

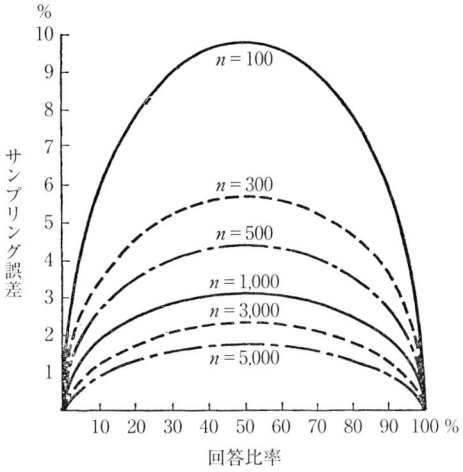

図 2.3　サンプリング誤差（信頼度 95%，サンプルの大きさ n）

図 2.3 をみて明らかなように，サンプリング誤差は，回答比率 50% を山にして，0% と 100% とに裾をひく左右対称の分布をしている．

もし，400 人のサンプル調査をして，20% の回答比率の場合，サンプリング誤差は 4% と (2.6) 式から求められる．その結果，信頼度 95% で，母集団での回答比率は，16% から 24% の間と幅をもって推定する（図 2.4）．

なお，サンプリング誤差は，早見表（表 2.5）を用いて簡便に求められる．

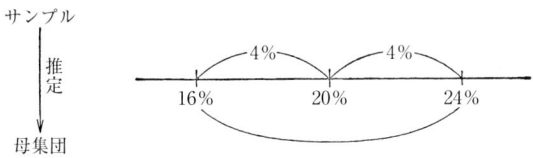

図 2.4　400 人のサンプルで回答比率 20%

表2.5 パーセントのサンプリング誤差（信頼度95％）

$p, 100-p$ \ n	100	200	300	400	500	1,000	1,500	2,000	3,000	5,000
1, 99	2.0	1.4	1.1	1.0	0.9	0.6	0.5	0.4	0.4	0.3
2, 98	2.8	2.0	1.6	1.4	1.3	0.9	0.7	0.6	0.5	0.4
3, 97	3.4	2.4	2.0	1.7	1.5	1.1	0.9	0.8	0.6	0.5
4, 96	3.9	2.8	2.3	2.0	1.8	1.2	1.0	0.9	0.7	0.6
5, 95	4.4	3.1	2.5	2.2	1.9	1.4	1.1	1.0	0.8	0.6
6, 94	4.7	3.4	2.7	2.4	2.1	1.5	1.2	1.1	0.9	0.7
7, 93	5.1	3.6	2.9	2.6	2.3	1.6	1.3	1.1	0.9	0.7
8, 92	5.4	3.8	3.1	2.7	2.4	1.7	1.4	1.2	1.0	0.8
9, 91	5.7	4.0	3.3	2.9	2.6	1.8	1.5	1.3	1.0	0.8
10, 90	6.0	4.2	3.5	3.0	2.7	1.9	1.5	1.3	1.1	0.8
15, 85	7.1	5.0	4.1	3.6	3.2	2.3	1.8	1.6	1.3	1.0
20, 80	8.0	5.7	4.6	4.0	3.6	2.5	2.1	1.8	1.5	1.1
25, 75	8.7	6.1	5.0	4.3	3.9	2.7	2.2	1.9	1.6	1.2
30, 70	9.2	6.5	5.3	4.6	4.1	2.9	2.4	2.0	1.7	1.3
35, 65	9.5	6.7	5.5	4.8	4.3	3.0	2.5	2.1	1.7	1.3
40, 60	9.8	6.9	5.7	4.9	4.4	3.1	2.5	2.2	1.8	1.4
45, 55	9.9	7.0	5.7	5.0	4.4	3.1	2.6	2.2	1.8	1.4
50, 50	10.0	7.1	5.8	5.0	4.5	3.2	2.6	2.2	1.8	1.4

$2\sqrt{p(100-p)/n}$, n：サンプルの大きさ，p：サンプルでの回答パーセント．

2.4 系統抽出

単純ランダム・サンプリングでは，調査相手の人数だけの乱数を使用することになるので，調査対象やサンプルの大きさがさらに大きくなると手間が大変である．この手間を省くために考えられたのが，系統抽出あるいは，等間隔サンプリングとよばれるものである．系統抽出によると，1回乱数を発生させるだけで，多数の調査相手を抽出でき，作業が簡単になるため，ほとんどすべてのサンプリングで使用されている．この場合，抽出台帳に一定の周期がある場合に，サンプルが偏るので，台帳の周期と抽出間隔が一致しないよう注意しなければならない．

1) 系統抽出の方法

系統抽出とは，調査対象全員に一連番号をつけておき，はじめの調査相手だけランダムに選び，あとの調査相手を一定間隔（インターバル）で系統的に抽出する方法である．インターバル（I）は調査対象数（N）を，サンプルの大き

さ (n) で割り，インターバル以下のランダムに決めた数 (S) をスタート番号とする．

$$I = \frac{N}{n} \quad (\text{小数以下切り捨て})$$

▷例1　450人の生徒から90人のサンプルを1つ抽出する場合（図2.5）
　調査対象数をサンプルの大きさで割った450/90＝5がインターバルである．次に，スタート番号を決めるために，サイコロをふる（または乱数表を引く）．立方体のサイコロをふったら，最初に出た目が6とするとインターバル5をこえていたのでふり直し，次に出たインターバル以下の目2がスタート番号となる．
　450人をあらかじめ一列に並べ，1から順に2，3，…，450と番号をつける．スタート番号2に当たる人を最初の調査相手とし，次の人から数えてインターバル5に当たる人を2番目の調査相手とする．以下順にインターバル5に該当する人を抽出する．

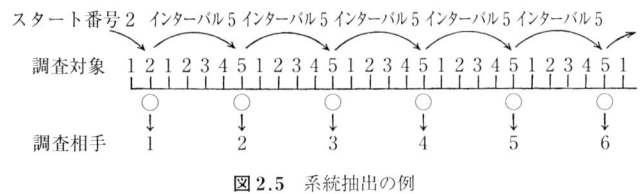

図2.5　系統抽出の例

2) インターバルの小数点処理

調査対象数がサンプルの大きさで割り切れず，インターバルに小数点がつくときには，まず小数点を切り捨てた整数値をインターバルにする．計算より少し小さめのインターバルを用いるのだから，調査相手は必要以上抽出される．そこで，いったん抽出したものから，多い分だけをランダムに落とし，必要サンプル数にする．もし，コンピュータで処理しているときには，インターバル I は，小数点をつけたままで計算し，当たり番号を四捨五入することもできる．

▷例2　480人から90人のサンプルを1つ抽出する場合
　　　　インターバル…480/90＝5.3→小数点以下切り捨て→5
　　　　スタート番号…5以下の乱数……………………→4
　480人の最初から数えて4番目を抽出，その次から数えて5番目，5番目と抽出をすると，96人（480/5）のサンプルとなる．必要数より多い分，96－90＝6人を除くために系統抽出を用いる（系統抽出より乱数表のほうがやりやすいときには乱数表を用いる）．

インターバル…96/6 = 16
スタート番号…16以下の乱数………→ 12

例1で一度抽出された96人のうち，最初から数えて12番目を除き，その次から数えて16番目，また16番目と多い分6人を除く．その結果，残された90人が最終的なサンプルとなる．

3) 系統抽出の問題点

系統抽出法は，見方を変えると，調査対象全員を何列かに並べ，そのどれか一列をサンプルにする方法といえる（例1では5列にし，2列目を抽出）．これはまた，見方によっては，一種の層別抽出（2.6節参照）とみることができる．

$$X_1, \cdots\cdots\cdots\cdots\cdots\cdots\cdots\cdots\cdots, X_i を第1層$$
$$X_{i+1}, \cdots\cdots\cdots\cdots\cdots\cdots\cdots\cdots, X_{2i} を第2層$$
$$\vdots$$
$$X_{(n-1)i+1}, \cdots\cdots\cdots\cdots\cdots\cdots\cdots, X_{ni} を第n層$$

とし，n個の層から一人ずつを調査相手として抽出する場合に相当する．

調査相手を母集団から等確率に抽出している点に関しては，さきのサイコロや乱数表と同じと考えてよいものの，母集団の名簿がある一定の周期をもっていて，それがインターバルと同調したときには，歪んだサンプルを作る心配がある．例1の場合に，万一，生徒が1〜5年生で，あらかじめ学年順に1，2，3，4，5，1，2，…と並んでいたときには，どんなスタート番号をとっても，インターバルが5である以上，ある一学年を取り出してしまう．したがって，系統抽出をするときには，調査対象である母集団の名簿の並び順と同調しないようにする必要がある．

4) 系統抽出のサンプリング誤差

系統抽出のサンプリング誤差$E(\text{sy})$は，母集団における等間隔の大きさkの倍数の自己相関係数ρ_k（母集団の並び方）が利いてきて，

$$E(\text{sy}) = 1.96\sqrt{\frac{\sigma^2}{n}\{1+(n-1)\rho_k\}} \tag{2.7}$$

となる．（信頼度95％）

もし，$\rho_k < 0$ ならば，$E \geq E(\text{sy})$ となり，系統抽出のほうが単純サンプリングより有利である．しかし，$\rho_k > 0$ のときには，$E < E(\text{sy})$ となり，系統抽出のほうが単純ランダム・サンプリングより不利になる．これはさきの系統抽出の問題点で述べたことと一致する（林，1951）．

2.5 段階抽出：二段・多段抽出

1) 二段抽出の必要性

単純ランダム・サンプリングや系統抽出によるサンプリングは，調査対象全員に一連番号をつけられるような，ある程度小規模の調査に適している．また，調査相手が広域に散らばっているとしても，調査が容易な郵送法や電話法に用いられる．

しかし，個人面接法や配付回収法の場合，単純ランダム・サンプリングは現実的な方法ではない．その理由は次のとおりである．

① 調査対象が膨大なので，調査対象全員に一連番号をつけること自体が難しい．
② 仮に一連番号がつけられたとしても，何万何千というスタート番号あるいはインターバルに該当する調査相手を，抽出する作業量は莫大である．
③ 仮に抽出できたとしても，調査相手のひとりひとりが広範な地域に散らばり，訪問して調査するには多数の調査員を必要とし，非能率である．

調査実施のうえからいえば，調査員の数はできるだけ少ないほうがやりやすい．しかし，調査相手が広範囲にばらまかれると，調査相手と同じ数の調査員を必要とする事態にもなりかねない．そこで1調査員に数名ないし数十名の調査相手を受けもたせることにし，まず，1調査員が調査できる範囲（たとえば投票区・大字・町丁目）を抽出し，その範囲の中から調査相手を抽出するという手段を用いる．

最初に抽出する投票区・大字・町丁目のことを第1段階の抽出単位とよび，次に抽出する調査相手などのことを第2段階の抽出単位とよぶ．

2) 三段抽出・多段抽出

場合によっては，第1段階に市区町村，第2段階に投票区・大字・町丁目，第3段階に調査相手と3段階の抽出をする．さらに，途中に世帯が入り，第3段階に世帯，第4段階に調査相手と段階数が増え4段階にもなる．

段階抽出は，調査実施上の便を計るために行うものであって，二段抽出より三段抽出，四段抽出と，段階が多くなるほどサンプリングの精度は低くなる．

調査実施上の無理がないならば，できるだけ段階の数は少ないほうがよい．

3) 二段抽出の方法

二段抽出法には，第1段階および，第2段階の抽出の仕方によって，いろいろの変化がある．ここでは，第1段階の抽出の仕方が，'確率比例抽出' と '等

確率抽出'と異なる二つの方法 A, B を説明する．なお，第 2 段階はともに，系統抽出である．

サンプリング A　　第 1 段階＝確率比例抽出，第 2 段階＝系統抽出
第 1 段階（確率比例抽出）：投票区・大字・町丁目を人口数に比例した長さをもたせて配列し，その長さに比例した確率で投票区・大字・町丁目を抽出し，それを調査地点とする．
第 2 段階（系統抽出）：調査地点ごとに，そこの人口数には関係なく，一定数の調査相手（12 人，20 人など）を抽出する．

サンプリング B　　第 1 段階＝等確率抽出，第 2 段階＝系統抽出
第 1 段階：投票区・大字・町丁目をその人口数に関係なく，等しい確率で抽出し，調査地点とする．
第 2 段階：調査地点ごとに，その人口数に比例して調査相手を割り当て，調査相手を系統抽出する．したがって，調査地点によって調査相手数が異なる．また調査相手総数は第 2 段抽出がおわってから確定することになる．

一般的には，次の三つの理由により，サンプリング A を用いることのほうが多い．

(1) サンプリング A もサンプリング B も，サンプル抽出確率（調査対象に属する人々が，調査相手に選ばれる確率）が等確率になっている点は同じである．

(2) 調査地点ごとの調査相手数は，一定しているほうが不定より，抽出作業上，および調査実施上からみて，やりやすい．

(3) 電子計算機によるシミュレーションの結果では，サンプリング A のほうが B より，サンプリング誤差が少ない（杉山，1970）（平均値の推定値の不偏性，および精度の評価式は，サンプリング B には理論的にあるが，サンプリング A にはない）．

▷**例**　確率比例抽出
五つの市町村から 3 地点を，人口数に確率比例して抽出する．

表 2.6　確率比例抽出

市町村名	人口数	人口数の累積	抽出地点
ア村	1,829	1,829	
イ町	15,401	17,230	○
ウ村	3,960	21,190	
エ市	21,211	42,401	○
オ市	17,635	60,036	○

人口総数60036を地点数3で割り，インターバルは20012である．インターバル以下の乱数を乱数表で引くと，スタート番号は4508となった．すなわち，最初の当たり番号は，スタート番号の4508で，次にインターバルを加え，4508＋20012＝24520，さらにインターバルを加え24520＋20012＝44532である．表2.6の"人口数の累積"の欄を上からみてゆき，初めてスタート番号4508以上になるところは17230でイ町であり，ここを抽出する．ついで初めて24520以上になるところのエ市を，ついで初めて44532以上になるオ市を，それぞれ抽出する．

市の人口数が多いときには，ひとつの市が2回以上当たることがある．その場合には，その市に当たった分だけの調査地点を設ける．

4) 二段抽出のサンプリング誤差

二段抽出のとき，調査相手総数を一定とすると，調査地点数の多いほうが，調査地点数の少ない場合よりサンプリング精度が高い．このことは，二段抽出のサンプリング誤差を示す (2.8) 式により明らかである（この式は，前述のサンプリングBの場合の式である）．（信頼度95%）

$$E_{(2)} = 1.96\sqrt{\frac{\sigma_b^2}{m} + \frac{\sigma_w^2}{n}} \tag{2.8}$$

ここで，$E_{(2)}$ は二段抽出サンプリング誤差，m は調査地点数，n は調査相手総数，σ_b^2 は母集団の地点間分散，σ_w^2 は母集団の地点内分散である．

ある母集団に対して，調査相手総数が一定のとき，サンプリング誤差は右辺の第1項（母集団の地点間分散／調査地点数）の大小に支配されるから，調査地点数が多くなればなるほどこの値は小さくなり，それにともなってサンプリング誤差が小さくなることがわかる．

このことから，地域によって回答が違うと予想される場合には，地点間分散が大きいのであるから，とくに，調査地点数を多くする必要がある．

2.6 層別抽出

1) 層別抽出の必要性

調査地点の抽出にあたって，調査地点が，ある特定の性格や地方に偏らず，できるだけ全体のよい代表になるようにするために層別（段階）抽出を用いる．

層別抽出では，母集団をいくつかの層に分ける．その際，一つの層内はできるだけ等質に，異なる層間ではできるだけ異質な層になるように分ける．そして，各層に調査相手数を割り当てる．ふつうは，各層の大きさ（人口数など）に比例して調査相手数を割り当てる．ときには，各層に同数ずつ割り当て，抽

出確率の逆数でウェイト集計する方法もある．

いずれにせよ，層別抽出をしたほうが，しないときに比べサンプルの偏りは小さくなり，サンプリング精度は高くなる．

2) 層化基準

層化基準としては，調査をして明らかにしたい標識を最もよく反映する統計データが望ましい．たとえば，選挙調査では，過去の選挙での政党別得票率，テレビ視聴率調査ではテレビ視聴可能局数などである．しかし，標識が既存の統計データとどう関係するかが不明だったり，また，標識がいくつかの領域にまたがっているため，層化基準を決めかねることがある．

一般的な層化基準は，地方別，区市郡別，産業別就業人口構成比などの特性である．これらのデータは，投票区・大字・丁町目の行政区画別には得ることができないが，市区町村単位には得られるので，層別は市区町村について行うのが一般的である（46・47頁参照のこと）．

3) 調査地点数の割り当て

各層への調査地点数の割り当ては，原則として，各層の大きさに比例させる．比例配分の際，四捨五入による誤差を最小限におさえるため，各層の大きさを工夫する．まず，1地点あたり大きさ L を

$$L = N/m$$

で算出する．ここで，N は母集団の大きさ，m は調査地点数である．各層（j層）の大きさ（N_j）は，この値 L のなるべく整数倍になるようにするとよい．そうしないと，各層（j層）の調査地点数 m_j を整数にするための，四捨五入の誤差が大きくなる．

$$m_j = N_j/L$$

4) 調査地点の抽出

j 層内の市区町村を，一定の順序（人口数，地域順など層化基準に使用しなかった特性順）に並べ，割り当て分の地点数（m_j）を確率比例抽出する．

5) 層別抽出のサンプリング誤差（ただし，層別一段抽出の場合）

層別抽出のサンプリング誤差は，(2.9) 式で示す．（信頼度95％）

$$E(\text{st}) = 1.96 \sqrt{\sum_{j=1}^{R} \left(\frac{N_j}{N}\right)^2 \cdot \frac{\sigma_j^2}{n_j}} \tag{2.9}$$

ここに，$E(\text{st})$ は層別抽出のサンプリング誤差，N は母集団の大きさ，N_j は j 層の母集団の大きさ，n_j は j 層のサンプルの大きさ，σ_j^2 は j 層の母分散，層は

R 個とする．

　層を作る場合に，層内を等質にすることができると，各層（j 層）の母分散 σ_j^2 が小さくなり，その結果，層別抽出のサンプリング誤差が小さくなる．しかし，この分散は，質問の内容・種類によって，異なると考えられるので，視聴率調査，放送に関する調査，政治的・社会的な意識調査など，多種多様の調査に共通する層化基準は存在しないだろう．調査ごとに層化をやり直すか，できるだけ共通な層化基準を選ぶしかない．

3. サンプリングの実際

3.1 抽出単位
1) 抽出単位

調査対象が，世帯か個人かそれとも事業所かは，調査の目的によって決められ，それに応じて抽出単位が決まる．たとえば，テレビの所有台数を知りたいときには，調査対象は世帯であり，人々のテレビ視聴の状況を知りたいときには，調査対象は個人である．

1回の調査で，世帯のことも個人のことも，両方とも調査する場合には，その抽出の仕方によって，いずれか一方をウェイト集計しなければならない．そうしなければ，サンプルは全体のよい代表にはならない．

もし世帯数に比例させてサンプルを抽出していたならば，世帯に関する質問はそのままウェイトなしで集計し，個人対象の質問は世帯員数によるウェイト集計をする．もし同じサンプル数なら，ウェイトなしのほうがウェイトつきより，結果の精度は高い．とにかく，調査の目的に合致した抽出単位を用いるのが望ましい．

2) 世帯の定義

世帯の定義は種々であり，これも調査の目的に応じて，調査を企画する者が決める．たとえば，国勢調査では政府が一定時点の国勢を知るためのものであり，現在地中心であるのに対し，住民票は日常生活上または行政事務上の便宜をはかるものであり，生活中心である．この相違に着目し調査の目的に応じて，どの定義の世帯を調査対象とするのか，十分に検討しなければならない．

> **国勢調査の世帯**
> ふだんその家に住んでいる人すべてを含む．「ふだん住んでいる人」とは，10月1日現在，その世帯に，
> ① すでに3か月以上住んでいる人
> ② 3か月以上にわたって住むことになっている人

をいい，家族以外の人でも，その家に3か月以上滞在しているか，滞在することになっている人も含んでいる．

住民票の世帯
居住と生計をともにする社会生活上の単位をいう．営業のための使用人，寄宿舎などの居住者などは，居住が一緒であっても生計をともにするものではないので，各人がそれぞれの世帯をつくっているとみなす．

なお，勉学・仕事などのため，一時的に限らず長期的に家を離れても，住民票をそのままにすることが多い．

3) **個人の定義**

個人のほうが世帯に比べて，定義がはっきりしている．むしろ，調査の目的に応じてどのような種類の個人とするかは，調査対象の決め方の問題である．

全国か特定の地域かの別，男女の別，年齢の範囲，特定の職業に限定するかどうかなど，すべて調査の企画・意図によっている．何よりも，調査対象にふさわしい台帳を，いかにしてみつけるかが重要なことである．

年齢の範囲を例にしてみよう．たとえば，調査対象が7歳以上なら住民票（住民基本台帳）がよく，20歳以上の有権者なら選挙人名簿（有権者名簿）がよいだろう．

調査対象が小学4年から中学2年までのときは，学校の協力さえ得られるなら学童名簿を用いるのがよい．それができないときには，住民票を利用することになるが，該当年齢に確率比例して調査地点が抽出できるか，また，世帯全員の記載されている住民票から，該当年齢をはたして正しく抽出できるかどうかなど，抽出作業が難しい．学年と年齢のくい違いをどう考えるか，さらに，すべての年齢の含まれている台帳から一部の年齢だけを抽出する，それもほんの一部を抽出することによるサンプルの偏りが問題である．

3.2 抽出台帳

3.2.1 抽出台帳の条件

調査相手を抽出するための，もとになる名簿を，抽出台帳という．これが調査対象の全部をおおっていなかったり，不正確だったりしたら，調査の死活にかかわる．

抽出台帳がもつべきおもな条件は，次のとおりである．

① 調査対象すべてをおおっていて，かつ，余分なものがないこと．
② 県や市区町村などの地域ごとに'その大きさ（世帯数，人口数など）'が

数えられていること.
③ 台帳の記載内容が十分であること（少なくとも住所・氏名を，できれば，性別・年齢がほしい）.
④ 台帳が常に更新されていること.
⑤ 台帳の利用に制限が少ないこと（閲覧目的，閲覧期間など）.
⑥ 抽出の経費が安いこと（閲覧料が安い，抽出の時間が短い）.

現在，全国的にサンプリング利用できる台帳は，"住民票（住民基本台帳）""選挙人名簿（有権者名簿）""電話番号簿"などである.

住民基本台帳（図 3.1）は，従来は，ほとんどすべての条件を満足していた．しかし現在では，原票ではなく，氏名，住所，性，生年などのみで調整された閲覧用の台帳を閲覧するようになったため，台帳によっては③④に欠ける（住所の不完全，更新頻度など），また，⑤の台帳の利用に関しては，2006 年 11 月の改正住民基本台帳法によって大きな制限が設けられ，⑥について閲覧料も高額となり，調査の困難につながっている．

選挙人名簿は，その更新は義務づけられた時期にだけ行われ，また，法によって利用できない期間があるので，いつでも使用したい場合は，条件④と⑤に欠ける（公職選挙法第 4 章参照）．なお，有権者（年齢が 20 歳以上）が記載さ

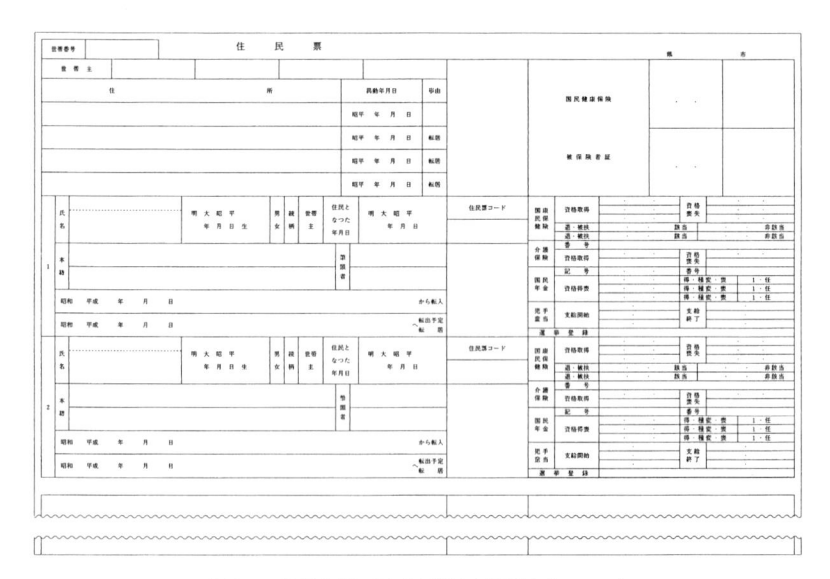

図 3.1 住民台帳の例（市町村自治研究会，2007）

れているので，19歳以下をも対象とする調査では，条件①に欠ける．選挙調査の場合には，目的とする調査対象そのものであるので，抽出台帳は選挙人名簿が適する．ただし，住所や生年の記載が完全ではなく，③に欠けることがある．

電話番号簿は，利用制限のないこと（条件⑤）が利点であるが，種々の理由から掲載しない番号がそうとうあり（掲載率不明），最近では電話番号をランダムに発生させるRDD法による抽出が行われるようになってきたが，①や②に欠ける．電話番号簿で抽出する場合も同様であるが，自営業など個人用か営業用か判然としないものが含まれており，1軒に2台以上の所有も多い．また，最近では，とくに若年層の一人暮らしや夫婦の場合，固定電話を所有しない場合が多い．このように，調査対象の定義や範囲が不明確であるうえ，電話が通じない場合には，その電話番号に調査対象が存在しているかどうか確認できないままに調査を終了する．なお，回収率の算出の際には，そのような調査対象の存在が確認できなかった電話番号は除かれることが多いので，見せかけ上の回収率は高い．

3.2.2 住民基本台帳
1) 住民基本台帳の閲覧

2005年5月に個人情報保護法が施行され，住民基本台帳の閲覧の際，信用に足る機関であるかどうか，厳しく審査されるようになってきた．さらに，2006年11月に改正住民基本台帳法が施行され，それまで「原則公開」であった住民基本台帳が「原則非公開」となった．改正後，調査目的で閲覧可能なのは，事前に審査を行って公益性が高いと判断された調査のみである．

以下に，改正後の，世論調査のための住民基本台帳閲覧にかかわる住民基本台帳法の条項の一部を示した．国や公共機関の調査についても，調査実施を委託する場合には，この法律が適用される．

住民基本台帳法（住民基本台帳の一部の写しの閲覧）
（個人又は法人の申出による住民基本台帳の一部の写しの閲覧）
第十一条の二　市町村長は，次に掲げる活動を行うために住民基本台帳の一部の写しを閲覧することが必要である旨の申出があり，かつ，当該申出を相当と認めるときは，当該申出を行う者が個人の場合にあっては当該申出者又はその指定する者に，当該申出者が法人の場合にあっては当該法人の役職員または構成員で当該法人が指定するものに，その活動に必要な限度において，住民基本台帳の一部の写しを閲覧させることができる．

一　統計調査，世論調査，学術研究その他の調査研究のうち，総務大臣が定める基準に照らして公益性が高いと認められるものの実施

　公益性が高いかどうかは，以下の判断基準（総務省告示）によるものとされた．これにより，市場調査については住民基本台帳の利用は事実上不可能となった．それ以外の調査でも，公益性であるかの判断は自治体に任されているため，すべての調査市区町村から閲覧の許可を得るのは非常に難しくなっている．

住民基本台帳の一部の写しの閲覧についての公益性の判断に関する基準
（平成 18 年 9 月 15 日総務省告示　第 495 号）
一　放送機関，新聞社，通信社その他の報道機関が行う世論調査にあっては，その調査結果に基づく報道が行われることによりその成果が社会に還元されること．
二　大学その他の学術研究を目的とする機関若しくは団体又はそれらに属する者が学術研究の用に供する目的で行う調査にあっては，その調査結果又はそれに基づく研究が学会等を通じて公表されることによりその成果が社会に還元されること．
三　前二号に掲げるもの以外の調査研究にあっては，当該調査研究が統計的調査研究であり，その調査結果又はそれに基づく研究が公表されることにより国又は地方公共団体における施策の企画・立案や他の機関における学術研究に利用されることが見込まれるなどその成果が社会に還元されると認められる特段の事情があること．

　なお，閲覧用の台帳から，ドメスティック・バイオレンスやストーカー行為などの被害者などで支援措置を講じられている人を除いている自治体が多い．

2)　住民基本台帳閲覧の手続き

　閲覧の手続きは，まず，「閲覧申出書」「閲覧誓約書」などの資料を自治体に提出する．自治体は，閲覧目的である調査が公益性があるかどうかの審査を行い，その結果を通知する．

　図 3.2 の「閲覧申出書」は，総務省の通知（住民基本台帳の一部の写しの閲覧に関する質疑応答集について）による様式見本である．住民基本台帳法で明らかにしなければならないとされている，①申出者の氏名（法人名および代表者名）・住所（所在地），②利用目的，③閲覧者の氏名・住所，④閲覧事項の管理方法，⑤閲覧事項の取扱者の範囲，⑥調査研究の成果の取り扱いなどの欄が

住民基本台帳閲覧申出書
（個人又は法人による申出用）

□□□□長 様

平成　年　月　日

申出者	氏名（法人名及び代表者名）	（自署又は押印） 印
	住所（所在地）	
（※共同申出者がいる場合）	氏名（法人名及び代表者名）	（自署又は押印） 印
	住所（所在地）	
閲覧事項の利用目的		
申出に係る住民の範囲		
閲覧者	氏名	
	住所	
閲覧事項取扱者の範囲（※法人の場合）		
	活動責任者	住所（又は役職名） 氏名
閲覧事項の管理方法		
（※調査研究に利用する場合） 成果の取扱い		
（※調査研究に利用する場合） 実施体制		
（※委託者がいる場合）	氏名（法人名及び代表者名）	
	住所（所在地）	

図 3.2　住民基本台帳申出書の例（市町村自治研究会，2007）

ある．独自の指定用紙で提出させる自治体が多い．

その他の提出資料としては，事前に，申出書と誓約書に加え，①法人などの概要がわかる資料（法人登記など），②個人情報保護法を踏まえた事業者の対応のわかる資料（プライバシーポリシーなど），③請求事由にかかわる調査や案内などの内容のわかる資料（どういった成果物を予定しているのかを含む）（市町村自治研究会編『窓口事務質疑応答集』平成 20 年 1 月 10 日現在）を提出する．さらに，自治体によって資料が付け加わる場合もある．

③に関しては，たとえば NHK では調査の説明書を用意しているが，調査票を提出しなければならない自治体が多い．それも原票でなくてはならない自治体も多いため，改正前は調査票作成を抽出と同時に進めていたことも多いが，抽出前に終わらせなくてはならない．

多くの自治体では閲覧の事前予約が必要である．審査とは別に1か月前の決められた日に予約する場合や，「閲覧申出書」に希望日を記載するなどの方法をとっているところが多い．また，閲覧件数の多い自治体などでは1機関1か月に1回，同一目的での閲覧は半年以上経たないと受け付けないなどの制限を設けているところもある．

閲覧者である抽出員は，閲覧当日，抽出員の身分を示す証明書と，本人確認書類として公的機関の発行した顔写真入りの身分証明書や資格証など（住民基本台帳カード・運転免許証・パスポート）を持参する．資格証などをもっていない場合には，「住民基本台帳の閲覧及び住民票の写し等の交付に関する省令」（第2条第3項）に基づいて自治体から照会書が閲覧者に送られるので，記入して持参する．調査実施後に，廃棄・消去報告書などの提出を求める自治体もある．なお，近年閲覧料が高額化している．閲覧料については，抽出人数1人（または世帯）を単位として算出されることが多い[*1]．

3）閲覧台帳についての問題

個人面接法などの場合，閲覧台帳が地番順などの住所順に並んでいれば，調査相手が近接する地域に住んでいるため，調査地点から間違えなく抽出することができ，調査実施にも都合がよい．しかし，実際には，必ずしも住所順ではなく，市区町村全体の氏名50音順や順不同・生年月日順，町別などの生年月日順などに並べる自治体がある．2005年には名古屋の台帳を閲覧して母子家庭を狙った犯罪などが起きるなどしたため，世帯構成がわからないように閲覧台帳の並べ方を生年月日順などにする自治体が増えた．

住民基本台帳法の改正後，審査を行うようになったため，地番順などの住所順になったところもあるが，いまだに生年月日順などの自治体がある．NHKが2008年5月に抽出を行った505市区町村では，"全市氏名50音順（順不同含む）"が6市町，"全市生年月日順"が11市区町村，町別・町丁別などの地域別の生年月日順が31市町村であった．

台帳が整理されている地域が広範囲で50音順や生年月日順に並べられている場合には，台帳の中から調査地点地域を抜き出すように，生年月日順の台帳からは，全年層からまんべんなく選ばれるように，加えて確率的な抽出方法で行う．また，3～4月は，転出入が多いため，この時期やその直前の抽出は避けることが望ましい．また自治体によっては，3～5月中旬を事務繁忙の時期として閲覧を停止している場合が多いので，注意を要する．

*1 2008 年 9 月の抽出では，297 市区町村中 200 の市区町村では人（世帯）を単位に閲覧料を徴収されている．金額は 1 人あたり 100 円以下が 11 市区町村，100 円台が 19 市区町村，200 円台が 49 市区町村，300 円台が 114 市区町村，400 円・500 円が 3 市区町村，不明が 2 市区町村である．その他では，閲覧 1 時間単位（1000～6000 円），台帳 1 冊単位（1200～3000 円）などが算出根拠として用いられた．2008 年 9 月の抽出人数 1 人あたりの経費は約 196 円であった．

3.2.3　選挙人名簿（有権者名簿）

以下の条文は公職選挙法第 4 章（平成 20 年 12 月現在）による．

1)　選挙人名簿への登録（第 21, 22 条）

その市町村の区域内に住所のある年齢満 20 歳以上の日本国民で，かつ 3 か月以上その市町村の住民基本台帳に記録されている者に登録資格がある．

市町村の選挙管理委員会は，毎年 3 月，6 月，9 月および 12 月の登録月に，その月の 1 日現在，市町村の選挙人名簿に登録資格をもつ者を 2 日に登録しなければならない．ただし，登録月の 1 日から 7 日までの間に選挙期日のある選挙をする場合や，その他特別の事情のある場合には，政令によって，登録の日は変更できる．また，選挙を行う場合には，選挙管理委員会の定めによって，有資格者を選挙人名簿に登録する．

登録の抹消（第 28 条）は，死亡・日本国籍を失ったとき・転居してから 4 か月経過したときなどに，ただちに行う．

2)　選挙人名簿の閲覧（第 28 条の三，2006 年 11 月施行）

市町村の選挙管理委員会で，選挙人名簿の抄本の閲覧ができる．統計調査，世論調査，学術調査その他の調査研究で公益性が高いと認められるもののうち，政治または選挙に関するものを実施するために行う場合には，選挙人名簿の閲覧が可能である．ただし，投票日の公示（告示）の日から投票日の 5 日後までの間は閲覧することができない．

住民基本台帳とは異なり原則公開であるが，2006 年 11 月以前に比べ閲覧手続きが煩雑になった．提出書類は選挙人名簿抄本閲覧申出書（調査研究）（図 3.3）に，選挙管理委員会によって"調査説明書"や"誓約書"などが加わる．調査票を提出する場合もある．

選挙人名簿からの抽出にあたっては，番地や部屋番号がないなど，住所が不完全な場合があるため，選挙管理委員会に確認する．

3)　選挙人名簿の年齢範囲

選挙人名簿は抽出時点の「20 歳以上の名簿」であると単純に考えがちである

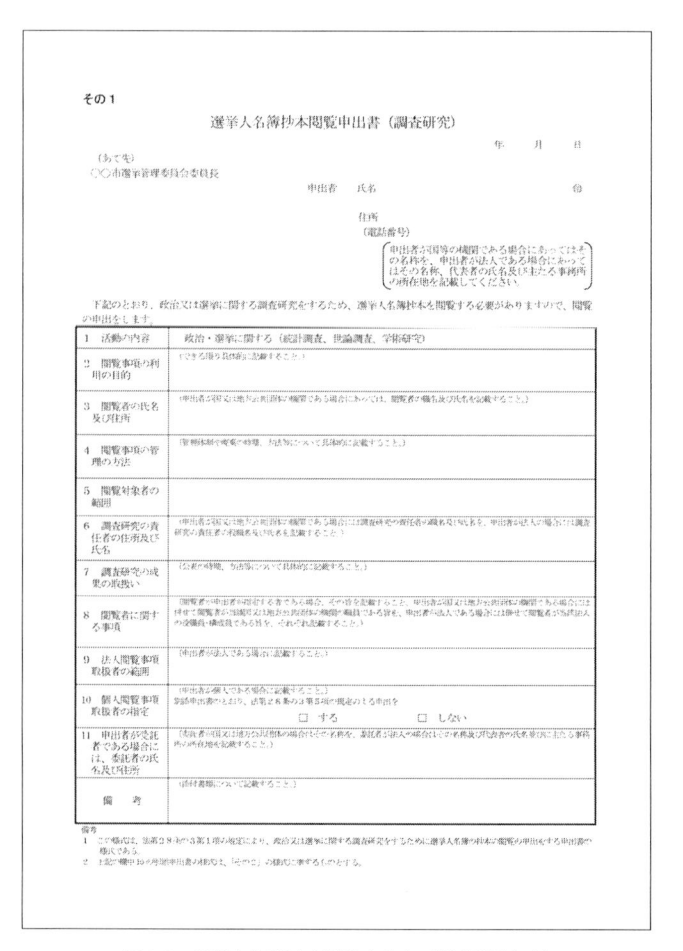

図 3.3 選挙人名簿抄本閲覧申出書（調査研究）例

が，ちょうど 20 歳の人の割合は実際より少ない．なぜなら，選挙権は満 20 歳になったときにもつが，選挙人名簿への記載は登録月の 2 日，または選挙時でよいので，資格を有してから記載されるまでの時間がかかる．登録月の 2 日または選挙のとき以外利用する選挙人名簿には，新有権者や転入者がすべて記入されているわけではない．

3.3 サンプル数の決め方

サンプル数は，調査結果にどのくらいの精度を要求しているか，いいかえると，調査結果にどのくらいサンプリング誤差が許せるかによって決まる．したがって，サンプル数（n）を決めるためには，

① ある標識について，母集団での回答率（$P\%$），
② 許容できるサンプリング誤差の範囲（$E\%$）

をまず決める．そのうえで，次式に代入してサンプル数を算出する．

$$n = \left(\frac{k}{E}\right)^2 \times P \times (100-P) \qquad (3.1)^{*2}$$

（信頼度95%のとき信頼度係数$k=1.96$，実用上2としてさしつかえない．）

たとえば，母集団での"賛成"が10%と想定されるときにサンプリング誤差を±2%以内に収めたい場合，(3.1)式に，$P=10$，$E=2$を代入する．サンプル数 $n=(2/2)^2\times 10\times 90=900$ となる．

*2 (3.1)式は，無限母集団でのサンプル数であるが，有限母集団の場合は，母集団の大きさをNとすると(3.2)式になる．

$$サンプル数 n = \frac{N}{(E/k)^2(N-1)/P(100-P)+1} \qquad (3.2)$$

信頼度95%では$k=2$，信頼度99.7%では$k=3$にする．

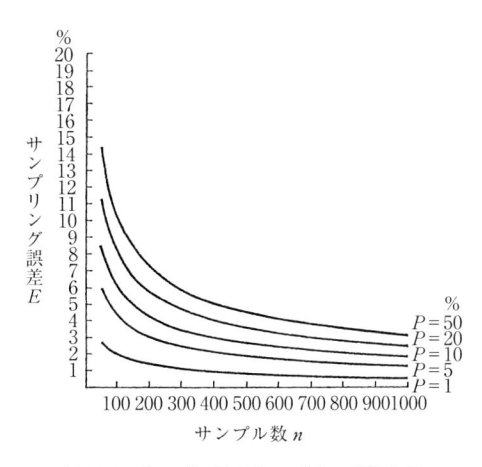

図3.4 サンプル数とサンプリング誤差 E

早見表によるサンプル数の計算

さきの例を早見表（表3.3）でみると，出現率 $P=10\%$ を縦方向にとり，サンプリング誤差 $E=2\%$ を横方向にとり，その両者の交差する個所の値900が，サンプル数になる．

しかし，実際の調査では，その他の要因がいろいろあって，なかなか計算どおりにはいかないだろう．いくつかの場合について，その考え方を述べる．

表3.3　サンプル数(n)の決定（信頼度95%）の早見表

$P, 100-P$ ＼ E	±1%	±2%	±3%	±4%	±5%	±6%	±7%	±8%
1, 99	396							
2, 98	784	196						
3, 97	1,164	291	129					
4, 96	1,536	384	171					
5, 95	1,900	475	211	119				
6, 94	2,256	564	251	141				
7, 93	2,604	651	289	163	104			
8, 92	2,944	736	327	184	118			
9, 91	3,276	819	364	205	131			
10, 90	3,600	900	400	225	144	100		
11, 89	3,916	979	435	245	157	109		
12, 88	4,224	1,056	469	264	169	117		
13, 87	4,524	1,131	503	283	181	126		
14, 86	4,816	1,204	535	301	193	134		
15, 85	5,100	1,275	567	319	204	142	104	
16, 84	5,376	1,344	597	336	215	149	110	
17, 83	5,644	1,411	627	353	226	157	115	
18, 82	5,904	1,476	656	369	236	164	120	
19, 81	6,156	1,539	684	385	246	171	126	
20, 80	6,400	1,600	711	400	256	178	131	100
25, 75	7,500	1,875	833	469	300	208	153	117
30, 70	8,400	2,100	933	525	336	233	171	131
35, 65	9,100	2,275	1,011	569	364	253	186	142
40, 60	9,600	2,400	1,067	600	384	267	196	150
45, 55	9,900	2,475	1,100	619	396	275	202	155
50, 50	10,000	2,500	1,111	625	400	278	204	156

$n=\left(\dfrac{2}{E}\right)^2 P(100-P)$．$P$：予想回答パーセント，$E$：サンプリング誤差．

Q1 回答比率を予想できないときは？
回答比率を予想できない場合や，調査内容が多岐にわたり，いろいろな回答比率が出るときには50%，すなわち，サンプリング誤差の絶対値が最大になる回答比率のところでみる．50%の回答で，サンプリング誤差を5%以内とするなら，早見表（表3.3）でみるとサンプル数は400人となる．

Q2 ある層（主婦）の結果を分析したいときは？
主婦での回答比率50%で，サンプリング誤差を5%以内とすると主婦のサンプル数は400人必要となる．主婦の母集団での割合が約18%とする．全体の18%の主婦が400人だから，全サンプル数を比例計算すると，2222人になる．

Q3 最も少ない層のサンプル数は？
いちおう，最小の層のサンプル数を100と考える．サンプル数100のとき，サンプリング誤差が最も大きいところで，50%±10%になる．なお，サンプル数100以下でも統計上の処理を十分にすれば使用できるが，実用上の目安としては，100とするのが安全である．

Q4 函館市調査でも，全国調査と同じサンプル数か？
函館市は約28万人の人口があり（2010年現在），全国の1億1千万同様，統計的には，無限母集団とみなし(3.1)式を用いる．(3.1)式は，回答比率とサンプリング誤差だけでサンプル数が決まり，母集団の大きさには無関係である．したがって，函館市も全国と同じサンプル数になることがある．だいたい1万人をこえたら，無限母集団と考えてよい．1万未満のときは有限母集団と考え，(3.2)式に母集団の大きさを代入して，サンプル数を算出する．

3.4 調査地点数の決め方：二段抽出の実際

1) 調査地点数

二段抽出に際して，まず検討しなければならないのは，調査地点数をいくつにし，調査員の受持件数をいくつにするかという問題である．そもそも，二段抽出は，調査実施上の要請——サンプルを全体にばらまいては調査経費がかかりすぎ，調査効率が悪い——から発生したものである．その点からだけいえば，調査地点数は少ないほど効果がよく，ひとりの調査員が一定期間に，何件調査できるかによってのみ調査地点数が決められることになる．

$$調査地点数＝サンプル数／1調査員の受持件数$$

一方，二段抽出のサンプリング誤差は，2.5節の(2.8)式によると，次式に示すように，単純ランダム・サンプリングの誤差同様，サンプル数に左右されるほかに，調査地点数にも支配されている．サンプル数だけでなく，調査地点

数も多ければ多いほど，調査精度がよくなる．（信頼度95％）

$$\text{二段抽出のサンプリング誤差} = 1.96\sqrt{\frac{\text{母集団の地点間分散}}{\text{地点数}} + \frac{\text{母集団の地点内分散}}{\text{サンプル数}}} \quad (3.3)$$

すなわち，ある母集団においてサンプル数を一定とした場合，(3.3) 式の右辺の第2項は一定であり，第1項（母集団の地点間分散／調査地点数）によってサンプリング誤差は決まる．調査地点数が多くなればなるほど，この値は小さくなり，それにともなってサンプリング誤差が小さくなる．地点によって傾向が非常に違うと予想される事項は，母集団での地点間分散が大きいということなのだから，調査地点数をとくに多くする．

2) 調査地点数による影響

調査地点数が多いほど，精度が高くなるといっても，1地点1サンプルでは，単純ランダム・サンプリングと同じになり，二段抽出の意味がない．そこで，調査地点数によるサンプリング精度への影響，すなわち"二段抽出の影響"を調べる．そのうえで，目的から考えて，どのくらいの影響なら許容できるかを検討する．

最も二段抽出の影響をうけるのは，"市町村規模"，"区市郡"などの"地域特性"，すなわち，地点内では特性が完全に一致している場合である．

単純ランダム・サンプリングの誤差 (E) と比べて，二段抽出によるサンプリング誤差 ($E_{(2)}$) がどのくらい多いかを，"二段抽出の影響 $= \dfrac{E_{(2)} - E}{E}$ (3.4)" 式のようになる（高宮・杉山，1978）[*3]．

$$\text{"地域特性"における二段抽出の影響} = \sqrt{\frac{n-1}{m-1}} - 1 \quad (3.4)$$

ここで，n はサンプル数，m は調査地点数．

サンプル数 (n) が一定のときには，調査地点数 (m) が多いほど，二段抽出の影響は小さくなる．すなわち，1調査地点あたりのサンプル数（受持件数）が少ないほど，二段抽出の影響は小さい．(3.4) 式に，いろいろな調査地点数を代入して，それに応じる二段抽出の影響を求めて，調査地点の数を決める目安にする．

[*3] ある特性に該当する (1) 地点数を l 地点，ある特性に該当しない (o) 地点数を m 地点とし，全体での平均値 $\bar{x}$，1地点あたりの調査相手数を a 人とする．調査結果から E, $E_{(2)}$ を推定し，(3.4) 式を導く．

$$E = \sqrt{\frac{(1-\bar{x})^2 l \cdot a + (o-\bar{x})^2 (m-l)a}{n(n-1)}} = \sqrt{\frac{\overline{x} - \overline{x}^2}{n-1}}$$

$$E_{(2)} = \sqrt{\frac{(1-\bar{x})^2 l + (o-\bar{x})^2 (m-l)}{m(m-1)}} = \sqrt{\frac{\overline{x} - \overline{x}^2}{m-1}}$$

$$\frac{E_{(2)} - E}{E} = \frac{\sqrt{(\overline{x} - \overline{x}^2)/(m-1)} - \sqrt{(\overline{x} - \overline{x}^2)/(n-1)}}{\sqrt{(\overline{x} - \overline{x}^2)/(n-1)}} = \sqrt{\frac{n-1}{m-1}} - 1$$

3） 調査地点の最低数

"地域特性"のように，地点内のサンプルがすべて同じ回答をするものは，地点差は明らかである．しかし，一般の標識にはこれほど地点差のあるものはない．そこで，いろいろな回答比率の分布を想定し，シミュレーションによって，調査地点の必要数を考察した．その結果，地点数は最低でも30地点，できれば40地点以上が望ましいことが示された．

4） シミュレーション・モデル

母集団は300地点あるとし，人口数は1地点平均2100人，その標準偏差は1800人とする．サンプル数は1000人と固定する．

母集団の回答分布を正規分布 N（比率，分散）として，次の6通りを考える．

$$N(0.2, 0.2^2) \quad N(0.2, 0.1^2) \quad N(0.2, 0.05^2)$$
$$N(0.5, 0.2^2) \quad N(0.5, 0.1^2) \quad N(0.5, 0.05^2)$$

調査地点数は，2，10，20，30，40地点の5通りを試みた．1地点あたりサンプル数は，それぞれ500，100，50，33，25人となる．

第1段は確率比例抽出例を，第2段は系統抽出をする．シミュレーションは300回独立に行い，300回各回ごとの回答比率を算出し，その300回の回答比率の標準偏差（S.D.）を図3.5に示した．

図3.5によると，調査地点数が2の場合には，回答比率の標準偏差はそうとう大きく，どの地点が調査に当たるかによって，結果が大きく動くことがわかる．調査地点数が10，20，…と増えるにつれ，標準偏差は急激に減少し，30から40にかけてやや減少傾向が止まる．この傾向は六つの母集団分布にはぼ共通してみられる．

このことから，調査地点の最低数は，30をこえればまあまあで，40をこえればいちおうよいといえる．

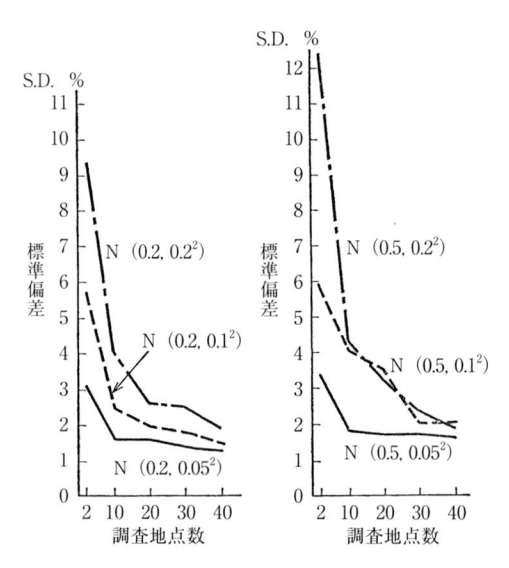

図 3.5 調査地点数によるサンプリング誤差（シミュレーション（くりかえし 300 回）による）
第一段抽出：確率比例，第二段抽出：系統抽出（サンプリング方式 A）
母集団地点数；300，サンプル数；1000 人

5) 特定地域調査の場合

特定地域調査での二段抽出の影響をみるために，仙台市周辺を襲った宮城県沖地震（1978 年 6 月 12 日発生）の被害状況調査を例にとる（高宮・杉山，1978）．このときは住んでいる場所によって，地震の被害状況が非常に違っており，調査の地点がどこに当たるかで，調査結果は大いに異なっていた．このように地域によって，状況や意識が非常に違うと予想される場合は，二段抽出の影響が最も大きく出る．まず，理論的に最悪（地点内で特性が完全に一致）の場合を（3.4）式で求めると表 3.4 のようになる．

表 3.4 で明らかなように，40 地点より 50 地点と調査地点が多いほど二段抽出の影響は小さくなる．しかし，80 地点とっても，"二段抽出の影響" は 2.2，すなわち，単純ランダム・サンプリングの 3.2 倍の誤差になることに注意しなければならない．

しかし，調査員の募集，管理などの調査実施の面から考えると，80 人もの調査員の確保は難しい場合もある．どこまで調査地点数を減少できるかは，どこまでの調査精度を期待するかにかかっている．したがって，40 人しか調査員がいないため 40 地点で調査するときには，最悪の場合（地点内は同一の回答をす

3.4 調査地点数の決め方：二段抽出の実際

表 3.4 二段抽出の影響（理論値）

調査地点数 （地点）	1調査地点あたり サンプル数(人)	"地域特性"におけ る二段抽出の影響
40	20	3.5
50	16	3.0
80	10	2.2

宮城県沖地震調査：サンプル数は一定で 800 人とする．

る）二段抽出の影響が 3.5 になる．サンプリング誤差は，単純ランダム・サンプリング誤差の 4.5 倍になると覚悟する．

6) 実際の宮城県沖地震調査の場合

では実際の調査で，どのくらい二段抽出の影響が出たかをみてみよう（高宮・杉山，1978）．

実際の宮城県沖地震調査の場合では，40 地点で，1 地点各 20 人の合計 800 人を調査した．有効調査相手数は 601，有効率は 75.1% であった．

宮城県沖地震について，①ゆれているときの行動・心理状況，②そのときの情報欲求・TV とラジオ，③買いだめ，④被害状況・地震対策など，32 問 302 カテゴリーについて質問した．

この 302 カテゴリーそれぞれの二段抽出の影響を調査データから計算すると，約 5% の選択肢において，影響が 0.75 を上回った（表 3.5）．

影響の大きい質問を列挙すると，いずれも特定の地域にだけ発生するような地盤の弱さ，被害状況に関連したものばかりである．

二段抽出の影響の大きいカテゴリーは，

第 26 問　"避難場所の認知"で"避難場所ない，無回答"……………… 1.60
第 29 問　ガスの種類の"都市ガス"か"プロパンガス"………………… 1.57
第 30 問　自家用井戸の有無の"ある"か"ない"…………………………… 1.35
第 31 問　家屋構造の"コンクリートの集合住宅"………………………… 1.27
　　　　　"鉄骨入木造一戸建"………………………………………………… 1.15
　　　　　"木造一戸建"…………………………………………………………… 0.95
第 20 問　被害状況の"タンスや本棚などが倒れた"…………………… 0.92
　　　　　"戸や窓のガラスが割れた"……………………………………… 0.82
第 8 問　地震直後の情報欲求の"ガスの復旧時期"…………………… 0.77

などである．

表 3.5 宮城県沖地震調査における二段抽出の影響（％）

二段抽出の影響	頻度分布
−0.20 以下	0.3
−0.10〜−0.19	3.3
−0.00〜−0.09	12.9
0.01〜 0.09	24.2
0.10〜 0.19	21.2
0.20〜 0.29	15.6
0.30〜 0.39	8.3
0.40〜 0.49	3.6
0.50〜 0.59	2.6
0.60〜 0.69	2.3
0.70〜 0.79	1.3
0.80〜 0.89	0.3
0.90〜 0.99	0.7
1.00〜 1.09	0.3
1.10 以上	3.0
$N=302$ カテゴリー	100.0

（二段抽出の影響の区分は二(七)捨三(八)入）

以上から影響 0.75 以下を基準として，二段抽出のサンプリング誤差は単純ランダム・サンプリングの 1.75 倍とみなせばよいであろう．

なお，全国県民意識調査（47 都道府県ごとに，1 県 60 地点，1 地点について 15 人，計 900 人のサンプルを二段抽出し，全県同一質問をした）について同様の分析をしたが，この場合は，宮城県沖地震調査よりやや少ないものの，二段抽出のサンプリング誤差は単純ランダム・サンプリングの 1.7 倍であった（小野寺，1983）．

現実の調査では，理論上の最悪のケース，すなわち同一の地点内でまったく同一の回答をする最悪の状況こそ起きなかったものの，地域差の大きい質問で影響が大きく出ている．やはり，特定地域調査のように地域差を問題にする調査では，地点数を十分に多くすることが大事である．

7) 全国調査の場合

多くの全国調査では，各調査地点ごとのサンプル数を同じにするほうが，調査管理上やりやすいので，サンプリング A（2.5 節，第 1 段：確率比例抽出，第 2 段：系統抽出）をとっている．ここでも，(3.4) 式により，理論的に最悪

表 3.6 二段抽出の影響（全国調査，理論値）

調査地点数 (地点)	1調査地点あたり サンプル数（人）	"地域特性"における 二段抽出の影響
150	24	3.9
200	18	3.3
240	15	2.9
300	12	2.5
450	8	1.8
600	6	1.5

（サンプル数が3,600人の場合）

な場合と考えられる（地域内分散=0）．区市郡別・地方別などの"地域特性"別の集計をすることが多い．その場合の二段抽出の影響について，調査地点の数によってどう変わるかをみてみる．調査地点数が多いほど，二段抽出の影響は小さくなる．サンプル数が3600人の場合は表3.6のようになる．

しかし，調査実施の面から検討すると，調査地点ごとに，サンプリングのための抽出員と調査員を配備するので，経費や業務量はほぼ調査地点数に比例して増加する．また，調査員からみると，1回のサンプル数が6人とか8人では，収入の額も期待できない．

一方，助力想起法による翌日面接の番組視聴率調査に関する実験調査（高宮，1956）では，「1日の面接調査の受件件数は，6人程度が妥当である」と報告している．NHKでは，長年の調査実績の上にたって，6人なら1日調査，12人なら2日調査としてきた．これらは，調査企画側の管理・組織上のやりやすさによる．調査員の受持件数は10〜20人の間をとり，その結果，調査地点数は200〜400となる場合が多い．

8) 実際の全国調査の場合

全国調査では，二段・三段の多段階抽出を行うが，その際に層別を考慮し，層化多段階抽出をするのが一般的である．したがって，実際の調査結果からサンプル精度を計算するとき，層別の効果を除去するのが難しい．

種々の全国調査で，層化の基準に使用した"市町村規模別""区市郡別""農林漁業者"について，層別・二段抽出の影響を計算したところ，どの調査も，理論値よりはるかに低い値に収まっている．

いくつかの調査でのサンプルの実績精度を計算すると，表3.7のようになる．"地域特性"による層別・二段抽出の影響は，単純ランダム・サンプルと比べ

表 3.7 二段抽出の影響（全国調査，実測値）（％）

層別・二段抽出の影響	頻度分布
−1.00 以下	1.0
−0.10〜−0.99	0.7
−0.00〜−0.09	10.0
0.01〜 0.09	38.8
0.10〜 0.19	28.0
0.20〜 0.29	11.8
0.30〜 0.39	1.7
0.40〜 0.49	3.1
0.50〜 0.59	1.0
0.60〜 0.79	2.1
0.80〜 0.99	1.0
1.00 以上	0.7
$N=289$ カテゴリー	100.0

（日本人のテレビ観，日本の夫婦像，
生活と意識，サンプル数3600人）

て，最大でも

300 地点　3600 人の場合は約 2 倍
300 地点　5400 人の場合は約 2.5 倍

とみればよい．

Q1 全国調査の場合，県別の結果もみられるか？

全国調査を 300 地点で実施した場合

　300 地点を全国各県に人口数に比例して割り当てたとすると，人口数の最も多い東京都で 29 地点，ついで大阪府で 20 地点，逆に最も少ない鳥取県で 1 地点しか割り当てられない．このように少ない地点数では，県別の結果をみることはできない．

各県 30 地点ずつ調査した場合

　各県に 30 地点ずつ割り当てる．これは，図 3.5 に述べたシミュレーションの結果からみても，県別に分析できる最低数であるが，全国 47 都道府県で，1410 地点を調査する莫大な調査になる．全国の結果を算出する際には，各県の人口数に比例したウェイトを与え集計する．

Q2 調査相手数を増加させるとき，地点数増と受持件数増のどちらがよいか？

　具体的には全国調査で調査相手 3600 人を 300 地点，受持件数 12 人で調査していたのを，調査相手数を 1.5 倍の 5400 人に増やす計画だとする．この場合には，表 3.8 に示すとおり，受持件数を増やすより，調査地点数を増やすほうが二段抽

出の影響が小さくなり，明らかによい方策である．

表 3.8　地点数増か，受持件数増か

	調査地点数 （地点）	1調査地点あたり 調査相手数（人）	"地域特性"におけ る二段抽出の影響
受持件数増	300	18	3.2
地　点　増	450	12	2.5

3.5　層別抽出の実際：全国調査の場合

層化無作為抽出法による全国調査を例にして層別抽出の実際を説明する．まず，第1段として，全国の字町丁目の中から300の字町丁目を抽出し，それを調査地点とする．次に，第2段として，各調査地点から12人ずつ抽出し調査相手とする．全国の合計サンプル数は3600人である．

第1段の抽出単位により層別をするのが望ましいが，字町丁目を抽出単位とした場合には，層別に使えるようなデータがないため，同一市町村の字町丁目を同一の特性として扱い，層は市区町村単位で分ける．第1段の単位を国勢調査区とすれば層別に使えるデータがあるが，抽出台帳である住民基本台帳にあわせるためには，字町丁目を抽出単位とする．

1)　層別抽出の方法

通常の層別抽出は，似たものを同じ層にしていくつかの層を作成し，各層ごとに調査地点の抽出を行う．層別に分けて抽出する代わりに，似たものが近くなるような基準で並べたうえで系統抽出を行えば，層化の効果をもつ (Kish, 1965)．NHK の全国調査では，以前は，地域，市町村規模，産業別就業人口構成比により約50の層を作り，各層別に調査地点を抽出していたが，2004年以降，系統抽出による層化の効果を利用することにして層の数を減らし，13の地域を層とし，市区町村規模コード，産業別就業人口構成比で並べ替えを行い系統抽出で調査地点を抽出している．

2)　層化基準の設定

層として使用した地域カテゴリーは，同じ地方の中で，調査地点を300地点抽出したときに最低でも10地点は抽出できるように分けている．ただし，沖縄については，地理上かけ離れているので，10地点はないが，1つの層とした．

並べ替えの基準として，似ているものが近くなるように使用した市町村規模のカテゴリー，産業別就業人口構成比は，表3.9，表3.10のとおりである．

表 3.9　層化基準のカテゴリー

〈地域〉

01	北海道	06	甲信越	11	北九州
02	東北	07	中部	12	中南九州
03	東京	08	近畿	13	沖縄
04	南関東	09	中国		
05	北関東	10	四国		

表 3.10　並べ替えのカテゴリー

〈都市規模〉

1	100 万以上の市	4	5 万以上の市町村
2	30 万以上の市	5	5 万未満の市町村
3	10 万以上の市		

〈産業別就業人口構成比〉

第 3 次産業就業人口構成比

3) 各層（地域）への調査地点数の割り当て

各層とした地域の人口数に比例して，調査地点数を割り当てる．全国の人口を 300 地点で割った数を基準の「1 地点あたりの人口数」と考える．

$$126{,}914{,}369^{*4} \div 300 = 423{,}048 \text{（1 地点あたりの人口数）}$$

各層は，基準の「1 地点あたりの人口数」の整数倍とはならず，四捨五入の誤差が生じる．各層の人口と人口比例の地点数，割り当てた地点数は表 3.11 のとおりである．

割り当て地点数が，必ずしも人口比例地点数の四捨五入した数値ではないが，これは地方別に調査地点を割り当ててから，各層に割り当て直したからである．

　*4　2007 年 3 月 31 日現在の住民基本台帳人口（全国 127,053,471）から，調査困難市町村の人口（139,102）を除いた数（126,914,369）．

4) 区市町村の当たり番号の決定

表 3.11 の 13 の層から区市町村を抽出する．各層ごとに都市規模 5 区分（表 3.10）の順に並べ，その中は第 3 次産業就業人口構成比の降順に並べる．なお，第 3 次産業就業人口構成比よりも，調査目的に関連して町村間の類似性を計る指標がある場合には，その指標を使用したほうがよい．

並べたうえで，人口数に確率比例して，町村を抽出する（2.5 節の表 2.6 参照）．その際，当該区市町村の人口のうち何番目が当たったか，の当たり番号を控えておく．

5) 調査地点の決定

一方，当たった区市町村について，おもに地域の近い順に字町丁目のグループを作る．1 つのグループの大きさは，1 人の調査員で調査できる程度の大きさとし，そのグループからサンプルを抽出する場合，適当なインターバルをとる

表 3.11 層別人口と地点数

地方	層	人口数	人口比例調査地点数	割当調査地点数
北海道	北海道	5,600,705	13.2	13
東北	東北	9,601,110	22.7	23
関東	東京	12,356,029	29.2	29
関東	南関東	21,841,317	51.6	52
関東	北関東	7,008,714	16.6	16
甲信越	甲信越	5,485,530	13.0	13
中部	中部	17,976,889	42.5	42
近畿	近畿	20,658,665	48.8	49
中国	中国	7,653,794	18.1	18
四国	四国	4,106,946	9.7	10
九州	北九州	7,349,176	17.4	18
九州	中南九州	5,903,368	14.0	14
九州	沖縄	1,372,126	3.2	3
全国		126,914,369[*4]	300.0	300

ようにする（10〜100の間）．世帯人数は，3, 4人が多いので，3, 4, 6, 7, 8などは，世帯主ばかり当たる原因となるので避ける．また，各グループの大きさは，できるだけ均一にする．

このようにして，作った字町丁目のグループを順に並べ，1からの通し番号をつけ，さきの当たり番号を含むグループを，調査地点とする（調査地点からのサンプルの抽出は，3.6節参照）．

3.6 系統抽出の実際
3.6.1 調査対象外の処理の仕方

調査地点ごとのサンプルの抽出では，系統抽出が一般的である．その際，抽出台帳に調査対象外の人が掲載されていることがしばしばある．たとえば，16歳以上を対象とする調査のとき，抽出台帳に住民票を用いると，そこには，15歳以下の人が含まれている．系統抽出していて，もし，15歳以下がインターバルに当たったときには抽出しないで（図3.5），次のインターバルに当たる人を抽出し，調査相手一覧表（図3.6）に記入する．

ここで，インターバルを数えるときに，該当年齢（ここでは16歳以上）だけ

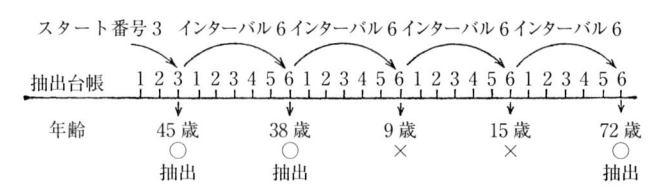

図 3.5 系統抽出における対象外の処理

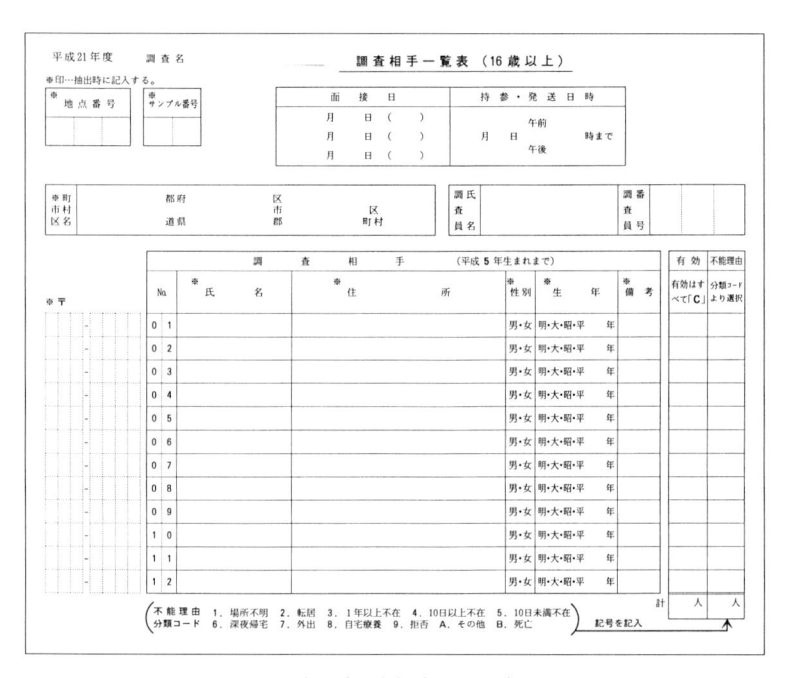

図 3.6 調査相手一覧表（16歳以上）の見本

を数える方法は，注意力を要し，間違いも多く，使用しないほうがよい．

精度からいうと，抽出台帳からまず15歳以下を除外してから系統抽出するほうがよいが，その手間が大変なので，このような簡便法（インターバルに当った人が該当年齢なら抽出）を用いる．このときは，抽出台帳のうちに調査対象者の占める割合をあらかじめ計算して，インターバルをその分だけ短くしておく．

3.6.2 インターバル

系統抽出をするときに最も注意しなければいけないのは，抽出台帳の配列が一定の周期をもっている場合である．台帳の周期とインターバルとが同調したときには，ある特定の傾向をもつサンプルになるおそれがある．

次に述べるシミュレーションによる実験の結果，インターバル4，8など1桁以下は好ましくなく，できるだけ2桁以上のインターバルが望ましいことがわかっている（サンプリング研究会，1970）．

住民票におけるシミュレーション

実験の条件として，
- 条件1　世帯人数分布の固有性
- 条件2　世帯名簿の配列状況
- 条件3　インターバル・スタート番号の大きさ

検討すべき問題点として，
- 問題甲　サンプルが属する世帯の世帯人数について，構成比が歪むことがあるか
- 問題乙　あるサンプルが属する世帯の世帯人数は，その前後に抽出されたサンプルの世帯人数と相関関係があるか
- 問題丙　世帯員順位について歪んでいないか

をシミュレーションによって実験した．

その結果，問題甲，乙については，すべての条件においてまったく心配ないが問題丙については，世帯名簿がたとえランダムな配列であっても，ある固有の世帯人数分布と同調するインターバルを用いると，サンプルの世帯員順位の分布に歪みが生ずることが判明した．

3.7　ウェイトづきサンプリング

母集団全体から等確率でサンプルを抽出すると，母集団の構成比がそのままサンプルの構成比に反映される．したがって，母集団での構成比の少ない，ある特定層の結果を知りたいと思っても，その層のサンプル数が少なく，とても分析できないことがある．一般には，ある層のサンプル数が，100未満のときには，その層の結果を注意して読み，50を割れば使用しないほうがよいとされている．

このため，少ない人数ではあるが，どうしても結果を知りたい特定の層がある場合には，ウェイトづきサンプリングを行うとよい．ウェイトづきサンプリングとは，特定層だけ他の層より抽出確率を高くし，特定の必要サンプル数

を確保する方法である．したがって，特定層以外の層は，等確率のときよりサンプル数が少なく精度が悪くなる．また，全体をまとめて集計するときには，抽出確率に逆比例するウェイトを各層に与える必要が生ずる．

▷**例1** あるA県の住民意識調査を計画しているが，調査結果は全県まとめたもののほか，市部と郡部とに分けたものも知りたい．どんなサンプリングをすればよいか．予算の制約上，サンプル数は1200人，調査地点数は80地点とする．

　A県の人口数は約692万人で，そのうち約660万人が市部の住民であるから，人口数に比例して割り当てをすると，市部にほとんどすべてのサンプルが割り当てられて，郡部には少しの割り当てしかない．すなわち，郡部のサンプル数は60人と少なく，調査地点数にいたっては4地点ときわめて少なく，"地域特性"による分析はできない（3.4節参照）．

　そこでウェイトづきサンプリングをすることになる．市部と郡部とを常に対比させて分析するために，市部と郡部とのサンプル数を同じにする．人口数では市部660万人に対し郡部32万人であるから，抽出に際して，それにほぼ逆比例する確率を与える．そうするとサンプルの中での構成は母集団の構成と違って，郡部が多くなるので，全県で集計するときには，市部に大きなウェイトを与える．

　計算ウェイトは，単純に抽出確率分の1（$1/E$）としても，結果の％は同じだが，％の分母をできるだけサンプル数に近づけるため，表3.12の式を用いる．

表3.12 ウェイトづきサンプリング

	人口数 A(万人)	構成比 B(%)	人口比例 割当地点 C	ウェイトづきサンプリング		
				地点数 D	抽出確率 E(1/万)	計算ウェイト F
市　部	660	95.4	76	40	600/660	1.908
郡　部	32	4.6	4	40	600/ 32	0.092
全　体	692	100.0	80	80		

注）ここで，B=A/692×100，C=80×B/100，D=40，E=D×15/A，F=B/(100D/80) または，F=$(1/E)$×(1200/692万) である．

3.8　代替サンプルを使用すべきでない理由

　調査実施の際，回答が得られなかった調査相手（調査不能）のおきかえを行うことがあり，このときにおきかえる人の集まりを"代替サンプル"という．"代替サンプル"のうち，事前に用意したものを"予備サンプル"ということもある．代替サンプルは，有効数が足りない，調査の有効率が低いと結果が信頼されないので何とかして高めたい，調査の精度を上げたいなどの切実な理由から使用されているように思われる．しかし，代替によって精度が改善されるわけではない．

何といっても代替サンプルを用いると，ランダム性が失われてしまう．また，代替サンプルを使用すると，調査有効数が増えるので有効率も増えるというのは誤解である．当初の調査相手数全体を分母として計算すると，有効率は高くなったようにみえる．しかし，代替サンプルを用いたときには，回答を得られなかった人も含めて，代替のために接触を試みた人すべてを加えて分母とすべきである．そうして計算した有効率は，代替を使用しない場合の有効率よりむしろ低いことが多い（小野寺，2007）．

代替サンプルを用いる目的として，「死亡・転居」は本来住民基本台帳から除かれているはずのものと考え，それを補完するためと考える場合がある．しかし，調査の実施を管理する際に，さまざまな問題が生じる．「転居」のときにのみ代替サンプルを用いることにしていても，「長期不在」や「場所不明」など，次第に代替の対象が拡大することが多い．代替のために予備サンプルを用意されていることで，調査員が当初の調査相手から回答を得ようという意欲が薄れてしまう可能性がある．また，安易に代替サンプルが用いられないようにするためには，管理を徹底しなければならない．また，そのことは調査の長期化やコスト増にもつながる．

調査不能になった人と同一の性年層区分の人を代替サンプルに用いて，性年層などの属性の偏りを小さくしようとすることがある．しかし，同一性年層でも有効になりやすい人とそうではない人がいる．有効になりやすい人は，たとえば，在宅率の高い人や自営業の人，調査に対する不信感の少ない人などであろう．代替サンプルを用いることによって，性年層の偏りは防げたとしても，ある種の質問に対する回答の偏りはかえって大きくなってしまうのである．

4. 調査方式

4.1 調査方式の種類と特徴

ここでいう調査方式とは，調査相手から回答を得る，いわゆる狭義の調査方法のことである．

意識に関する調査は，本来個人を対象にするものであり，調査相手を確認できる個人面接法によることが多かったが，最近では，配付回収法や郵送法が用いられることも多い．また，新聞社が毎月実施する政治意識調査などでは，コストや機動性を重視して電話法で行われる．一方，生活時間，視聴率，消費行動などの実態についての調査は，配付回収法や郵送法によることが多い．

どの調査方式を採用するかは，調査の目的，予算額，実施体制，要求する調査精度，調査の緊急性などによって決める．なお，インターネットによるウェブ調査は，今のところ，調査会社のモニターなど限られた相手にしか調査ができないため，母集団を国民・住民や有権者とするサンプル調査の方式としては不適切である．

1) 調査方式の分類

ここで，調査相手からどのようにして回答を得るかによって，調査方式を分類してみよう．

① 調査票を使用するか，否か．
② 調査票のとりあつかい（配付，回収など）をどのようにするか．
③ 回答を誰が記入するか（調査相手自身か，調査員か）．

表4.1 回答のとり方による調査方式の分類

	調査票	とりあつかい	調査票の記入
個人面接法	○	調査員	調査員（他記式）
配付回収法	○	調査員	調査相手（自記式）
郵送法	○	郵便	調査相手（自記式）
電話法	△	電話・調査員	調査員（他記式）

2) 調査方式の優劣
調査方式の優劣を，次にあげるような観点から比較することができる．
① 適切な抽出台帳を使用しているか
② 調査相手を正しく抽出しているか．
③ 指定した調査相手を正しく調査しているか．
④ 調査の有効率はどのくらいか．
⑤ 調査質問を正しく調査相手に伝えているか．
⑥ 調査相手は正しく質問に回答しているか．
⑦ 調査の実施上で不正をしていないか．
⑧ 必要な時期に結果を求められるか．
⑨ 調査経費はどの程度か．

それぞれの調査方式には，固有の特徴や問題点があり，それについては次に詳しく述べる．

4.2 個人面接法

個人面接法とは，調査員が調査相手本人に直接に面接し，調査票に従って質問をし，それに対する調査相手の回答を調査員が調査票に記入する方式である．

4.2.1 個人面接法の手順

典型的な個人面接法の調査の実施について，順を追って説明する．
① 調査相手の自宅に，調査の数日前に届くように，調査への協力依頼状をあらかじめ郵送しておく．
② 調査員は指定された期間内に，指定された調査相手を訪問して，調査の趣旨を説明し，調査への協力を依頼する．
③ 調査への協力についての了解が得られたら，面接による調査を開始する．面接の場所に他人が同席すると，調査相手の回答に影響するおそれがあるので，調査相手本人と一対一で面接する．
④ 調査員は，調査票の指定に従って質問を読み上げる．調査相手に調査票を見せないようにする．
⑤ 調査相手は，質問に回答する．その際，手渡された回答リストの中から該当する回答を選ぶことがある．回答は指定によって，'1つ' '2つまで' 'いくつでも' などの場合がある．質問によっては回答リストを用いずに回答したり，自由に意見を述べる場合がある．

⑥ 調査員は，調査相手の回答を聞き，そのまま調査票に記入する．
⑦ 全部の質問への回答が終了したら，調査への協力に感謝の意を表し，謝礼品を渡す（場合によっては，事前に渡すこともある）．

このような個人面接法の最大の特徴は，調査の企画者と調査相手との間に調査員が介在することであり，調査員しだいで調査がよくも悪くもなる．調査の信頼性を高めるため，調査員の訓練や教育をする．質のよい調査員を採用し育成することが，個人面接法にとって最も大事なことになる．

なお，他の調査でも同じであるが，16歳未満の子どもが調査相手の場合には，事前に保護者の了解を得るようにする．

4.2.2 事前の準備

1) 協力依頼状の発送

調査の数日前に届くように，調査相手あてに調査への協力を依頼する書状を郵送しておく．最近は，プライバシー意識やセキュリティ意識の高まりから，知らない人の訪問を忌避する人が多い．事前に郵送により知らせることで，不信感や不安感をもたれにくくなるため，調査員も安心して訪問を行える．

協力依頼状には，調査実施機関，調査の趣旨や目的，結果の利用予定，調査相手の選び方，訪問予定日時，回答の秘密保持などを明記する．さらに，調査実施機関のプライバシーマークの提示や調査主体の保証になる情報などを加え，調査相手が安心して協力してもらえるように配慮する．

2) 訪問計画の作成

調査日程にもよるが，事前に調査への協力依頼状を出しておくので，調査日第1日目の朝から一通り訪問をすることが望ましい．また，朝に一度訪問して，調査相手宅を確認し，在宅時間を家族などから聞いて知っておくことが，その後の訪問計画を立てるうえで役に立つ．勤め人や学生など調査相手によっては，なかなか会えない人がいるので，最初の訪問で不在のときには家族に伝言をしたり，「調査におうかがいしましたがご不在のため，またいついつに訪問いたしますのでよろしくお願いします」などと書いたメモを置いたうえで，訪問時刻や日を変えたりする．面接できるまで，最低でも数回は訪問する必要がある．また，図4.1の"起床在宅率"（家にいて起きている人の率）でわかるように，勤め人や勤め人以外の有職者などは，日曜でも日中に在宅する人が少ないので夜間の訪問が必要となる．なお訪問時間は，都市部では午後9時，その他の地域でも午後8時くらいまでを目安にする．

(a) 平日の起床在宅率

(b) 日曜日の起床在宅率

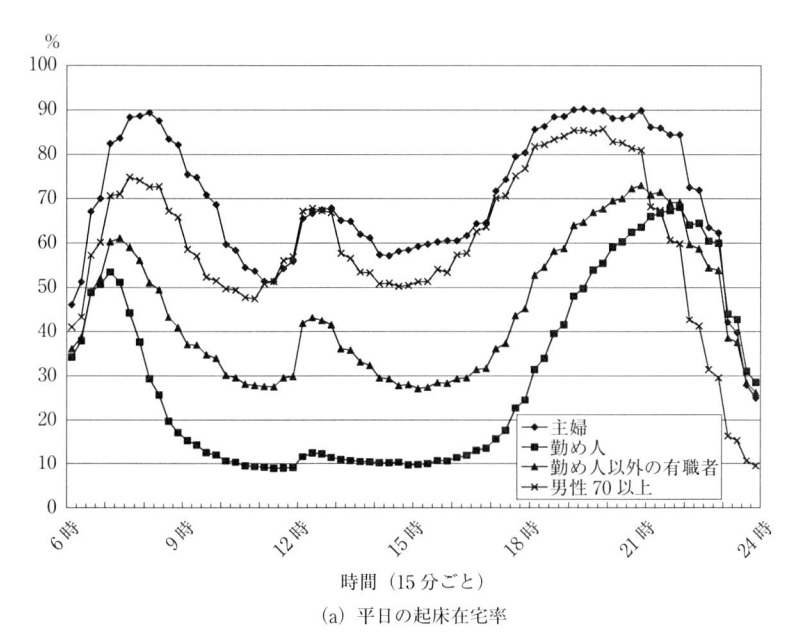

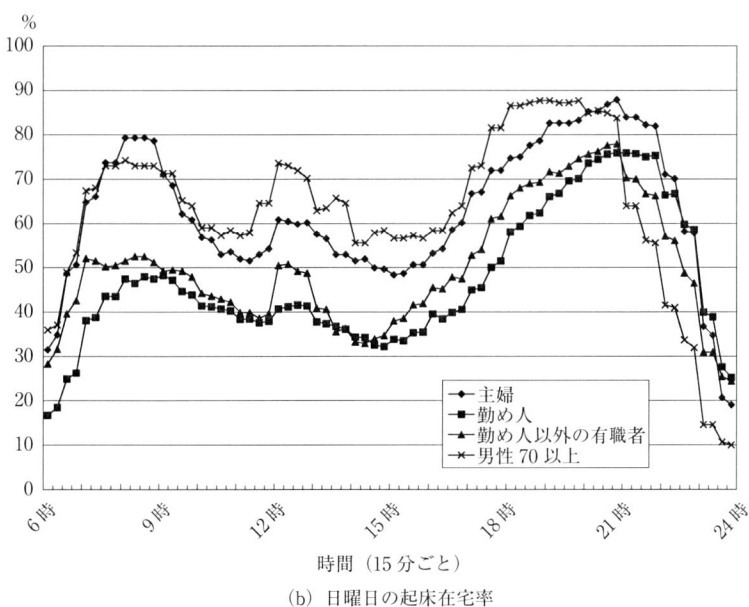

図 4.1　起床在宅率の推移（6〜24 時）
(2005 年 NHK 国民生活時間調査より作成)

4.2.3 調査相手との面接
1) 調査相手本人の確認
　調査に入る前に，調査相手本人であることを，調査相手名簿に記載されている氏名，生年月日などから確認する．夫が留守なので妻が代わりに答えるとか，子どものほうがよく知っている調査だからといって，子どもを調査することなどは絶対にしてはいけない．調査相手を一人でも勝手に取り替えたら，調査結果全体が代表性を失うことになる．

2) 面接場所・同席者
　面接する場所は，調査相手の都合で，玄関や庭先などに限らず，集合住宅の共用スペースや勤務先など，調査のできる場所であればどこでもかまわない．要は，調査相手が本当のことを正直にいえる場所であればよい．
　また，調査をしているところに，第三者が同席するのは，調査相手が本音をいえなくなるおそれがあるので，好ましくない．調査相手と一対一で面接できるようにするのが望ましい．

3) 質問の仕方
　質問は，文章の作り方，言葉のいいまわし方ひとつを変更しても，相手の回答が変わってくるおそれがあるので，質問文をそのまま読むことが大事である．
　一度読み上げただけでは，調査相手によってはなかなか理解できないこともある．このようなときには，再び同じ質問をくり返し読む．調査員が勝手に，「ようするにこの質問の意味はかくかくしかじか」と説明するのは，調査員の主観や意見が入るので厳に戒めなければならない．
　調査票は，導入的質問，分野別質問，属性などとその配列は工夫されているので，質問の順序を勝手に変更してはいけない．また，調査票は，調査員の手許に置き，調査相手には先の質問を見せないようにする．
　調査票を用いる調査では，すべての調査相手が同一の刺激・条件で質問に対する回答を求めている．すべての調査相手が同一の条件で調査を受けることが大切である．

4) 回答のとり方
　回答項目を印刷してあるリストを調査相手に渡しておき，質問に該当する回答を記号で答えてもらう．
　回答の数は，「1つだけ」「2つ」「3つ」「いくつでも」などと，質問ごとに指定があるので注意する．

思いつくことを何でも自由に答えてもらう'自由回答'では，調査員は，調査相手の回答をそのまま調査票に記入する．ここでも，調査員は調査相手のいった言葉を忠実に記録することが要求され，勝手に要約したりしてはいけない．

4.2.4 個人面接法の長所と短所
1) 個人面接法の長所

個人面接法の長所の第一は，指定した調査相手本人に調査できることである．その成否は，中間に介在する調査員の質に負うところが大である．調査員には，調査相手本人に調査をするように指導・管理を行う．

長所の第二は，質問を相手に理解させやすいので，多少複雑な質問をすることができる点である．

その第三は，配付回収法よりは低いが，ある一定の有効率を確保できることである．

2) 個人面接法の短所

個人面接法の短所は，第一に調査の経費がかかることである．その主たるものは，調査員の調査実施の費用である．最近は，調査相手の在宅率が低下し，そのため調査の再訪問回数が増えている．訪問回数の増加は調査経費の増加をもたらす．

第二の短所は，調査員が介在することによって調査員バイアスが生じやすい点である．質問の内容によっては，調査員が女性か男性かによって，回答の傾向が変わるという報告がある．また，調査員自身の回答と，調査相手の回答が同じ方向になる傾向がある．"調査方式の比較研究"（放送世論調査所，1977）では，273選択肢のうち13選択肢で調査員と同方向に調査相手の回答が偏り，逆方向は3選択肢であった．そのうち，最も偏りの大きいのは，"奇跡を信じるか"の質問であった（表4.2）．

表 4.2　調査員バイアス

調査相手＼調査員	全体	奇跡を信じる	奇跡を信じない
全体	374人	119人	255人
奇跡を信じる	16%	25%	12%
奇跡を信じない	84%	75%	88%

第三の短所は，やはり調査員が介在することによって発生するプライバシーの侵害のおそれである．他人には話したくないようなことを面と向かって質問

されると，答えるのを拒否したり，本音で答えなかったりする可能性がある．国勢調査では，調査地域に住む人が調査員になることが多い．質問内容が職業や配偶関係にも及ぶため，プライバシーの侵害を危惧される声が大きくなってきた．平成22（2010）年実施の国勢調査では，個人情報保護意識への配慮のため，封入提出方式を全面的に導入，さらに郵送による提出も可能となった．

4.3 配付回収法
配付回収法は，留置法ともよばれ，郵送法とならび自記式調査である．
4.3.1 配付回収法の手順
典型的な配付回収法の調査の実施について，順を追って説明する．
① 調査の数日前に届くように，調査相手の自宅に，調査への協力依頼状を郵送する．
② 調査員は指定された期間内に，指定された調査相手を訪問して，調査の趣旨を説明するとともに，調査への協力を依頼し調査票を配付する．配付する相手は，調査相手本人と特定する場合もあるが，本人が不在のときには，同居人に預けてもよいことにする場合もある．
③ 配付の際に，調査に協力してもらうことへの，謝礼の品を渡す（回収時に渡す場合もある）．
④ 回収の日時を約束（予告）して帰る（配付用封筒に記入）．
⑤ 1日から数日間調査票を留め置き，その間に調査相手が質問を読み自分で回答を記入する．
⑥ 約束の日時に，調査員が訪問して記入の終わった調査票を回収する．回収時には，調査相手の同意を得たうえで，記入漏れがないかなど，調査票の点検を行う．

このような配付回収法の最大の特徴は，質問への回答を調査相手が自分で記入する自記式にある．
4.3.2 配付回収法の長所と短所
1) 配付回収法の長所
配付回収法の長所の一つは，調査員の労力が個人面接法と比べて少ないことである．

第二の長所は，調査の有効率が高いことである．高い理由は，調査相手本人に会えなくても調査ができる点にある．

第三の長所は，調査相手の日々の生活行動を記録するような調査では，日記のように時間順に記録しておくことができるため，個人面接法で記憶を再生するよりも，正確なデータを得ることができる点である．

2) 配付回収法の短所

最大の問題点は，回答が調査相手本人のものかどうか不明な点である．また，たとえ本人が記入したとしても，その回答は周囲の人の意見に左右されていたり，あるいは相談したりした結果かもしれない．

そのうえ，回答の記入が不正確になりやすく，また難しい質問に対しては，無記入・無回答になりやすい．とくに，調査相手によって回答する質問が異なる関連質問は，記入間違いが起こりやすいので，配付回収法では，記入の仕方について十分な説明が必要である．

配付回収法のような自記式調査は，家族が代理で記入を行ったり，家族など他の人に相談したりする可能性の高い調査方式である．世帯内の誰が回答してもかまわないような"世帯についての実態調査"や，個人の日々のできごとをそのときどきに記録しなければならないような"生活時間調査""視聴率調査"など，どちらかといえば，実態調査に向いている調査方式である．

4.4 郵 送 法

郵送法とは，調査相手あてに調査票を郵送し，調査相手が質問への回答を自分で記入し，調査主体あてに郵便で返送される方式である．郵送法と配付回収法とは，ともに自記式調査である．しかし，調査票の配付と回収を郵便でするか調査員がするかの点が違う．配付回収法の配付・回収のどちらかを郵送に変える場合もある．

事前に協力依頼状を送り，調査票を送付した後，適切なタイミングで督促（通常は2回）をすると，返送が早く返送率も高い．

4.4.1 郵送法の手順

郵送法の調査の実施について，順を追って説明する．

① 調査の数日前に届くように，調査相手の自宅に，調査への協力依頼状を郵送する．事前に，このような郵送依頼をしたほうが，調査票の返送が早く，返送率も高い．

② 調査票を調査相手に郵送する．この中に協力依頼状（事前の協力依頼状が届いていなかったり認識されなかったりする場合がある）と返信用封筒を

同封する（謝礼品を同封する場合もある）．返信用封筒には切手を貼っておく．記入期間は1週間程度として期限日を示す．
③ 調査相手は，調査票の質問に従って回答を記入する．
④ 調査相手は，記入済み調査票を返信用封筒に入れて返送する．
⑤ 調査票が返送されしだい，協力への感謝状とともに，謝礼品を調査相手に送付する．
⑥ 調査相手に示した期限日前後に，調査票の到着していない調査相手に，返送確認のはがきを送付する（1回目の督促）．
⑦ さらに1週間後くらいに，再度依頼状を添えて調査票を送る．
⑥ 返送締切日をすぎても，その後のスケジュールに影響がない限り，極力集計に取り入れる．

4.4.2 郵送法の長所と短所

1) 郵送法の長所

郵送法の第一の長所は，調査経費が安い点である．発送・返送の郵送料が，個人面接法や配付回収法での調査員日当・交通費・調査説明会費などに当たるのであるから，そうとうに安くなる．第二の長所は，調査相手が調査員の存在をまったく意識しないで，記入を行えることである．回答するのに抵抗があるような内容の質問で，調査相手の本音を得やすい．第三の長所はオートロック式マンションの居住者など，調査員が接触しにくい調査相手にも調査票が届くことである．

さらに，調査相手が地域的にどのように拡がっていても調査できる．面接法・配付回収法のように，調査員の行動範囲に合わせて段階抽出をする必要がなくなるので，サンプリング精度を高めることができる．

また，従来は郵送調査は有効率が低いといわれていたが，事前の協力依頼や督促を行うことにより，かなり高い有効率が確保できる．

2) 郵送法の短所

第一の短所は，回収に時間がかかることである．有効率がある程度に達するまで1か月近くかかるので，急ぎの調査には間に合わない．

さらに，調査相手本人が記入したかどうかわからないという自記式の欠点は郵送法のほうが配付回収法よりもさらに危惧される．

郵送法は，都道府県や市区町村などの自治体で行われる調査が多い．郵送法の調査方法論的研究が進み，意識調査での利用が進んでいる．

4.5 電話法

電話法は，調査相手に電話をかけ，質問に対する回答を得る方式である．

新聞社などで行われる電話調査では，調査相手は，RDD (random digit dialing, ランダム・ディジット・ダイアリング) という方式で抽出されている．RDD では，名簿から調査相手を抽出するのではなく，コンピュータでランダムに発生させた電話番号に電話をかけ，その電話番号の利用世帯の構成員から調査相手を選ぶ．

世帯から個人を選ぶ方式としては，世帯構成員の中から乱数で選ぶ方法や，誕生日が調査日の前または後で一番近い人を選ぶ誕生日法などがある．

4.5.1 電話法の手順

典型的な電話法の手順は次のとおりである．

① RDD で選ばれた電話番号に電話をかける．出るまで何回もかける．
　　事前に未使用電話，事業専用電話として判明したものを除いておく．
② だれかが電話に出たら，事業専用電話でないこと，電話の世帯に調査対象がいることを確認する．
③ 調査相手を選ぶのに必要な質問をして，一定の手続きで選定する．
④ 選んだ調査相手が不在の場合には，日時を変えて何回も電話をする．
⑤ 調査相手が電話口に出たら，調査への協力を依頼する．
⑥ 協力が得られたら，早速一問ずつ質問を読み上げ，回答を得る．
⑦ 謝辞を述べ，後で謝礼品を送付するために住所を確認する．
⑧ 謝礼品を郵送する．

調査の実施は，コンピュータを利用した CATI (computer assisted telephone interview) という方法で行われる場合もある．CATI では，質問や回答選択肢は，あらかじめコンピュータに登録されており，調査員は画面に表示された文章を読み上げ，その都度聞きとった回答を入力する．

4.5.2 電話法の長所と短所

1) 電話法の長所

電話法の長所は，何よりも迅速に調査の結果を得ることができる点である．調査相手の数に応じて，必要な台数の電話機と調査員を用意して，調査相手の回答をただちにコンピュータに入力できるようにしておけば，他の方式より速く結果を得ることができる．

さらに，現地に調査員をおかずに，1か所に調査員を集め一斉に電話をかけ

るので，一定方式に標準化でき，かつ管理が徹底できる利点もある．また，調査員の人数が個人面接法に比べてそうとう少なくてすむため，調査経費が安くできる．

CATIによれば，コンピュータによって，入力内容を即時にチェックできるので，関連質問の回答の漏れなども起きない．

2) 電話法の短所

第一に，調査対象が電話を有する世帯に限られるが，母集団があいまいである．若年層の単身世帯や夫婦世帯などでは，固定電話をもたない人が多いため，20代が少ないなど，回答者の基本属性が明らかに偏る．また，自営業などでは，自宅用と商売用との電話を明確に分離できない場合も多い．

第二に，最初に電話で応答した人にいくつかの質問をして調査相手を決め，再度調査相手に調査の依頼を行うなど，調査に入るまでの手続きが，他の方式に比べて複雑で協力を得にくい．

短所の第三は，時間を短くするために，質問量が限定されることである．また，電話での調査は，耳で聴いただけで回答するので，簡単な問題しか扱えない．選択肢が多いと，後のほうの回答選択肢に回答が集まりやすくなるなどの問題もある．

電話法は，即時性を何よりも求められるときに，比較的簡単な質問を行い，ある程度の状況判断に使うようなときに有効である．ただし，即時性を求めすぎると，早く調査を終わらせるために，大量の電話番号を発生させて，実質有効率が低くなる可能性が高い．電話法の場合は，調査相手が判明した場合を分母にする見せかけ上の回収率が公表される場合があるが，調査の質がわかるように電話番号の発生数などをあわせて公表すべきであろう．また，実質的な有効率を得るようにする努力が肝要である．

4.6　調査方式に関する実験調査

個人が対象の意見・意識調査において，個人面接法，配付回収法，郵送法を比較する実験調査の結果をここで紹介する（NHK放送文化研究所，2010）．

2008年6月に個人面接法で実施した"日本人の意識"調査と時期を合わせ，実験調査として配付回収法と郵送法の調査を同一質問で実施した．調査相手は，個人面接法の調査では全国16歳以上の国民5400人，他の調査では1200人である（表4.3）．この3方式には，表4.4に示すように，それぞれ，調査の依頼や

配付・回収，質問や選択肢の提示方法，回答の記入方法に特徴がある．このような特徴のちがいによって，調査の有効率やサンプル構成比・回答分布にどのような影響があるかをみた．

表 4.3 調査方式に関する実験調査の概要

調査方法	個人面接法	配付回収法	郵送法
調査時期	2008年6月28日（土）29日（日）補完日 30日（月）	2008年6月28日（土）〜7月6日（日）	2008年6月25日（水）〜8月4日（月）
抽出台帳と方法	住民基本台帳 層化無作為2段抽出法		
調査相手	全国16歳以上の国民5,400人（450地点×12人）	全国16歳以上の国民1,200人（100地点×12人）	全国16歳以上の国民1,200人（100地点×12人）
有効数（率）	3,103人（57.5%）	847人（70.6%）	822人（68.5%）

表 4.4 実験した調査方式と特徴

調査方式	調査の依頼や調査票の配付・回収の方法（調査員の介在の有無）	質問や選択肢の提示方法（音声か文字か）	回答の記入方法（調査員による他記式か調査相手による自記式か）
個人面接法	調査員が本人に直接会って行う	質問：音声 選択肢：文字（回答リスト）．場合により音声（高齢者など）．2択の場合は選択肢を示さない場合もある．	調査員による他記式
配付回収法	調査員が本人または家族に依頼・配付・回収（郵便受けなどに配付・回収の場合あり）	文字	調査相手による自記式
郵送法	すべて郵送，調査員はまったく介在しない	文字	調査相手による自記式

4.6.1 サンプルの検討

まず，有効数（率）をみると，個人面接法が57.5%，配付回収法70.6%，郵送法68.5%で，配付回収法や郵送法などの自記式の有効率が高い（有効率の詳細は7.2節参照）．

各調査方式の指定サンプルと有効サンプルの，性・年層の構成比を住民基本台帳の人口構成比（2008.3.31）と比べると，表4.5のようになる．指定サンプ

ルについてみると，本調査（面接）ではほぼ一致しているが，実験（配付），実験（回収）では，多少歪みがみられる．有効サンプルについては，本調査（面接）の女30〜59歳が高く，また，実験（配付）の女16〜29歳が低いが，これは，指定サンプルの歪みも影響している．

表4.5　住民基本台帳および各サンプルの構成比（％）

		全体（人）	性・年層（％）					
			男16〜29歳	男30〜59歳	男60歳以上	女16〜29歳	女30〜59歳	女60歳以上
住民基本台帳		108,534,086	9.3	24.6	14.6	8.9	24.0	18.6
指定サンプル	個人面接法	5,400	9.3	24.2	14.3	8.3	24.9	19.0
	配付回収法	1,200	8.6	22.6	16.8	6.9	21.4	23.8
	郵送法	1,200	8.3	24.8	16.3	7.8	24.2	18.7
有効サンプル	個人面接法	3,103	7.0	21.3	16.6	6.3	27.0	21.8
	配付回収法	847	8.0	21.0	17.6	5.1	23.8	24.4
	郵送法	822	6.8	22.1	17.5	7.8	25.2	20.6

※住民基本台帳人口：2008.3.31現在（『住民基本台帳人口要覧（平成20年版）』）

4.6.2　回答分布の検討

1）調査方式によって回答分布が相当に異なる

無回答を除いた各回答選択肢の差を各方式間で比べると，表4.6のようになる．個人面接法と配付回収法，個人面接法と郵送法との間の差は大きく，配付回収法と郵送法の自記式の間では差が小さい．

2）無回答の出方の違い

個人面接法と他の調査方式とで回答分布が異なっていた理由の一つとして，無回答のパーセントの出方が異なるということがある．

この実験調査の郵送法と配付回収法の調査票には，個人面接法の選択肢において調査相手に見せる回答項目リストに提示する選択肢のみを提示した．

個人面接法の調査では，調査相手がこの選択肢からどうしても回答を選べない場合には，調査員が無回答や「わからない」「どちらともいえない」「その他」といった調査票にのみ記載されている選択肢に振り分ける．

3つの調査方式で，「わからない」「どちらともいえない」「その他」を含めた，選択肢を選ばなかった'無回答率'がどのようになっているかをみると，表4.7のようになる．個人面接法では6％以上の質問項目も2割近くあるが，配

表 4.6　3 方式間の回答パーセントの絶対値の差の分布（%）と相関係数（無回答を除く）

回答(%)の差の絶対値	配付回収法－個人面接法		郵送法－個人面接法		配付回収法－郵送法	
	項目数	%	項目数	%	項目数	%
2.0 未満	184	54.9	180	53.7	247	73.7
2.0 – 3.9	70	20.9	78	23.3	64	19.1
4.0 – 5.9	40	11.9	35	10.4	23	6.9
6.0 – 7.9	13	3.9	17	5.1	1	0.3
8.0 – 9.9	13	3.9	10	3.0		
10.0 以上	15	4.5	15	4.5		
合計	335	100.0	335	100.0	335	100.0
相関係数	0.985		0.985		0.997	

付回収法や郵送法の自記式では 1～2% でかなり少ない．

　配付回収法と郵送法とでは，配付回収法のほうが'無回答率'が少ない．配付回収法では，調査員が協力の依頼を行い，回収時に調査票の確認を行うなど，調査員の介在が関係しているためと考えられる．

表 4.7　個人面接法，配付回収法，郵送法の"無回答率"の分布

無回答率	個人面接法		配付回収法		郵送法	
	度数	%	度数	%	度数	%
2.0 未満	13	18.3	62	87.3	41	57.7
2.0 – 3.9	31	43.7	7	9.9	18	25.4
4.0 – 5.9	14	19.7	1	1.4	10	14.1
6.0 – 7.9	6	8.5	1	1.4	1	1.4
8.0 以上	7	9.9	0	0.0	1	1.4
合計	71	100.0	71	100.0	71	100.0

3）　調査方式間で差の大きい選択肢とその理由

　配付回収法と郵送法とを比べると，その間に極端な差は見られない．調査相手が自分で調査票に記入する同じ自記式であるためと考えられる．

　個人面接法と配付回収法，または，郵送法との差が 10% 以上出た選択肢をみると，表 4.8 に示すとおりで，質問領域についても，質問形式や選択肢数についての各方式間で一定の法則のようなものはみられない．

4) 質問による方式間の差

　個別に，方式間の回答分布に違いが生じる要因をみると，いくつかの点が指摘できる．ここでは，いくつかの事例をあげる．このほかにも，調査方式の比較実験では，自記式（配付回収法・郵送法）のほうで断定的な選択肢を避ける傾向，個人面接法のほうが保守的な価値観の反映した選択肢が選ばれやすい傾向，自記式の調査票であるため，選択肢の提示の仕方を変更した影響などがみられた．

　心理的に抵抗を感じるような質問に対する回答　　宗教や信仰に関することで信じているものを尋ねた質問では，「何も信じていない」という回答，自記式よりも個人面接法の調査で高くなっている（表4.9）．同様に，宗教・信仰に関係する事柄で行っていることを尋ねた質問でも「何も行っていない」という回答が多い．

　宗教・信仰のような個人的な信条のようなものを尋ねる質問に対しては，個人面接法の場合には，調査員に対して心理的な抵抗を感じるため，「特にない」のような回答や無回答が多くなり，それによって他の選択肢の回答分布が変わるおそれがある．

　知識を聞く質問に対する回答　　憲法で保障された権利について知識を尋ねる質問では，自記式のほうで，正解率の高い選択肢が多く，面接法のほうで誤答率の高い選択肢が多く，無回答も多い（表4.10）．自記式の配付回収法や郵送法は，調査票を調査相手のもとに一定期間預けて回答してもらう方式であるため，正解がある質問では調査相手が人に聞いたり，調べたりして回答する場合があると考えられる．

　社会的望ましさ　　調査員に対面して回答する個人面接法では，'社会的望ましさ（social desirability）'による影響がみられることがある．これは，調査相手が調査員に対して自分を良識的な人間だと見せようとするための影響である．この社会的望ましさによる影響と思われたものは，次のようなものがある．

- 「欠かせないコミュニケーション」で「友人と話をする」が多い
- 「生活全体についての満足感」で満足している人が多い（表4.11）
- 「生活充実手段」で「豊かな趣味」をあげる人が多い
- 「外国との交流」で，「いろいろな国の人と友達になりたい」「貧しい国の人たちへの支援活動に協力したい」に「そう思わない」人が少ない
- 「結社・闘争性（職場）」では「静観」が少ない

表 4.8 面接法と配付回収法・郵送法の回答差が 10%以上の選択肢（%）

質問番号	質問項目名	質問の形式	選択肢の数	選択肢	個人面接法	配付回収法	郵送法
第1問	欠かせないコミュニケーション行動	MA	12	11. 友人と話をする	66.3	56.2	54.4
第2問	欠かせないコミュニケーション行動（1番目+2番目）	LA	12	5. テレビを見る	42.2	53.7	55.0
第3問B	生活の各側面についての満足感（生きがい）	SA	2	1. そう思う	72.7	63.3	60.8
				2. そうは思わない	21.9	35.7	38.0
第3問C	生活の各側面についての満足感（地域の環境）	SA	2	2. そうは思わない	16.0	28.2	22.9
第3問D	生活の各側面についての満足感（人間関係）	SA	2	2. そうは思わない	22.8	31.3	36.5
第7問C	生活充実手段（経済力）	順位	5	2. 2番目	32.5	40.5	43.3
第8問	理想の家庭	SA	4	4. 家庭内協力	48.4	58.8	57.1
第11問	男女のあり方（名字）	SA	4	1. 当然、夫の姓	32.5	24.1	19.5
				2. 現状では夫の姓	24.9	39.0	36.6
第18問	結社・闘争性（職場）	SA	3	1. 静観	50.2	64.6	60.5
第21問	余暇の過ごし方（将来）	SA	6	1. 好きなこと	38.0	50.2	49.3
第26問	理想の人間像	SA	4	1. 規律型	29.2	18.7	18.9
				4. 教養型	36.6	48.3	45.7
第28問	信仰・信心	MA	8	1. 神	32.5	44.7	42.5
第32問	能率・情緒（会合）	SA	2	2. 能率	42.1	53.6	53.4
第34問B	ナショナリズム（日本は一流国だ）	SA	2	1. そう思う	39.3	54.1	53.0
第36問	権利についての知識	MA	6	2. 納税の義務	42.8	32.6	32.4
第41問	結社・闘争性（政治）		3	1. 静観	59.1	72.6	69.7
第42問	支持政党	＊1	9	9. 特に支持している政党はない	45.5	53.2	48.7
第43問	支持できそうな政党	＊1	9	9. 支持できそうな政党もない	18.6	27.5	24.9
				11. 非該当	54.5	46.8	51.3
第45問	好きな外国	FA	＊2	13. ない	23.7	47.2	40.3
第46問	好きな外国の理由	SA	10	14. 非該当	28.0	51.6	49.9
第48問A	外国との交流（友達になりたい）	SA	2	2. そうは思わない	31.1	44.5	39.2

注）質問形式：SA＝単一選択，MA＝多肢選択，LA＝限定選択（1番目，2番目）
 ＊1 第42問，43問の面接法は選択肢の提示なし
 ＊2 第45問は「ない」の選択肢のみ調査票に提示

表4.9 心理的に抵抗を感じる質問に対する回答（％）
「宗教や信仰に関係することで，信じているもの」（複数回答）

	面接	配付回収	郵送
神	32.5	＜ 44.7	＜ 42.5
仏	42.2	＜ 51.4	＜ 48.2
聖書・教典の教え	6.4	7.1	＜ 9.4
あの世，来世	14.6	＜ 17.6	＜ 17.4
奇跡	17.5	＜ 21.5	19.3
お守りやおふだなどの力	17.4	＜ 22.4	＜ 20.7
易や占い	6.6	8.1	6.9
何も信じていない	23.5	＞ 19.5	＞ 19.0
その他	1.3	−	−
DK, NA	7.9	＞ 3.8	7.7

注）＜＞は"面接"と比べて有意に高い，または低いことを示す（信頼度95％）

表4.10 知識を聞く質問に対する回答（％）
「憲法によって国民の権利と決められているもの」（複数回答）

	面接	配付回収	郵送	備考
思っていることを世間に発表する	34.8	34.6	35.8	正〈表現の自由〉
税金を納める	42.8	＞ 32.6	＞ 32.4	
目上の人に従う	7.1	5.2	5.5	
道路の右側を歩く	14.9	＞ 10.5	＞ 11.9	
人間らしい暮らしをする	77.1	＜ 81.2	＜ 82.0	正〈生存権〉
労働組合をつくる	21.8	19.6	22.7	正〈団結権〉
DK, NA	5.4	＞ 0.7	＞ 1.2	

注）右に"正"とあるのは正解の選択肢
　　＜＞は"面接"と比べて有意に高い，または低いことを示す（信頼度95％）

表4.11 生活全体についての満足感・まとめ（％）

	面接	配付回収	郵送
満　足	86.7	＞ 82.1	＞ 80.2
不　満	12.7	＜ 17.7	＜ 19.3
DK, NA	0.6	0.2	0.5

注）＜＞は"面接"と比べて有意に高い，または低いことを示す（信頼度95％）

4.6.3 調査実施の状況
1) 調査は正しく行われたか

回答が得られた調査票の中には，個人面接法の場合には調査員の不正によるもの，配付回収法や郵送法の場合には，代理記入や相談による回答があるかもしれない．調査後，有効となった調査相手に，調査が指定どおりに正しく実施されたかどうか，次の内容についてはがきの調査票を有効となった調査相手に送付して，確認を行った（調査相手アンケート）．

① 記入した人は調査相手本人か．
② 調査は指定したとおりの方式で調査したか．
③ 回答にあたって，誰かと相談したか．

発送数は，個人面接法 3118，配付回収法 841，郵送法が 859 で，有効数（率）は，それぞれ個人面接法 1889 人 (60.6%)，配付回収法 525 人 (62.4%)，郵送法 562 人 (65.4%) である．はがき発送時は調査未完了であったため，発送数には，その後の点検によって有効から除外したものを含んでいる．

このはがきによる事後の調査相手アンケートでみると，代理回答や相談などがなく，「本人が正しい方式で回答した」と確認できた人は，個人面接法 94%，配付回収法 84%，郵送法 82% であった．

表 4.12 調査相手アンケートの結果

個人面接法		
本人に対して正しい方式で調査が実施	94%	
本人の回答であるが，電話や面前記入で実施	4%	
家族が代わって回答	1%	
配付回収法と郵送法の記入者	（配付）	（郵送）
本人がすべて記入	94%	91%
代わりの人が一部記入	3%	4%
全部代わりの人が記入	2%	5%
調査員に回答	1%	—
配付回収法と郵送法の相談の有無		
相談しなかった	85%	83%
1, 2 問程度相談	9%	8%
ある程度相談	2%	3%
半分以上の質問を相談	1%	1%
無回答	0%	1%
非該当（すべて本人以外が記入）	3%	5%

2) 調査（面接または記入）所要時間

個人面接法における面接時間，自記式における調査票記入時間の分布をみると，個人面接法に比べ，自記式の調査で「46分以上」が多いなど，長い人が多い．またその一方で，「15分以下」の短時間で終わらせる人も多い（表4.13）．自記式では，調査相手個人のペースで記入が行われていることが反映されていると考えられる．

3) 自記式の自由度

自記式では，調査の記入日時を調査相手に記入してもらった．記入開始日と記入終了日が一致したのは，配付回収法で86%，郵送法で80%，異なるのは，配付回収法12%，郵送法11%で，自記式では複数日にわたって記入を行う人がいることがわかる．また，人によって記入時間帯が早朝から深夜まで幅広く分布しており，自由度の高さがうかがえる．

4.6.4 個人面接法の調査機関の違いによる回答分布の違い

同じ個人面接法でも実施機関が異なると，有効率や回答分布が異なる場合がある．日本人の意識調査は，NHKの全国の放送局で実施を行ったが，実験調査としては，"配付回収法""郵送法"に加え，個人面接法の調査も，外部の調査機関で全国16歳以上の国民1200人を対象に実施した．この2つの調査を比較したところ，有効率は，NHKは57.5%で調査機関の54.1%より若干高い．

また，6問ある複数回答の質問について，のべ回答率（「無回答」「その他」「この中にはない」を除いた回答のパーセントの合計）をみると，NHKのほうが調査機関よりもやや高い（表4.14）．複数回答質問の回答の聞き取り方法に違いがあったのではないかと思われる．さらに，選択肢を回答項目リストで示さない支持政党を聞く質問で，調査機関の調査では，各政党の名前をあげる率

表4.13 調査所要時間の分布（単位，%）

	個人面接法	配付回収法	郵送法
〜15分	4	7	6
16〜30分	62	37	39
31〜45分	26	25	24
46〜60分	5	17	16
61〜75分	2	6	6
76分以上	0	7	7
無記入他	1	1	2

表 4.14 複数回答質問の延べ回答率（%）

		NHK	外部調査機関
第 1 問	欠かせないコミュニケーション行動	493.2	481.9
第 27 問	宗教的行動	188.4	174.6
第 28 問	信仰・信心	137.2	111.9
第 36 問	権利についての知識	198.5	182.6
第 44 問	政治活動	43.2	33.1
第 47 問	外国人との接触経験	86.3	81.2

が少なく，「特に支持する政党はない」が多い（表 4.15）．

同様に，宗教的行動についての質問（多肢選択）や「宗教や信仰に関することで信じているもの」の質問（多肢選択）でも，NHK の実施した調査のほうが，「何も信じていない」や「信じているものはない」が少ない．支持政党や宗教的行動についての回答への抵抗感の違いが反映していると考えられる．調査員の特性や調査機関名などの影響もあるのかもしれない．

このように，同じ調査票，同じ方式で行っても，異なる調査機関の間では調査結果が異なることがあるので，変化を見るための継続調査などでは，調査機関の変更を安易に行わないほうがよい．

表 4.15 支持政党（%）
("あなたは，ふだん，どの政党を支持していますか")

	NHK		外部調査機関
自民党	26.0	>	19.0
民主党	15.4	>	11.1
公明党	3.5		2.9
共産党	2.1		1.2
社民党	0.1		0.0
その他の政治団体	0.4		0.2
特に支持している政党はない	45.5	<	60.6
わからない，無回答	5.5		3.9

5. 調査票の設計

5.1 調査票の基本原則

　調査票は，調査企画者と調査相手をつなぐ唯一のパイプであるから，慎重に作成しなければならない．作成にあたっては，次にあげる諸点についてとくに考慮したい．
　(1) 調査目的・趣旨にそっていること
　調査目的・趣旨を明確にし，知りたいことを調査票の中に収める．質問しなかったことは知ることはできない．したがって，知りたいことは調査票に入っていなければならない．知りたいといっても，すべての事柄を調査できるわけではない．たとえば，調査相手のプライバシーに関する事柄や，あまりにも専門的・個別的な事柄は質問すべきではない．
　(2) 調査相手の協力の限界を知ること
　知りたい事柄があまりにも多いときには，質問は数十問にもなり，その回答に何時間もかかることになりかねない．そのような場合には，知りたいことすべてを調査することはできないと考えたほうがよい．調査相手の協力には限界があるから，質問の分量は自ずから制限される．
　一般的にいって，質問数で30～40問，所要時間で20～30分程度が個人面接法の限界であろう．しかし，子どもの教育の問題について，現に悩んでいる親に尋ねる調査などのように，相手の興味・関心・利害などと一致した場合には，その限りではない．興にのって何問でも応じてくれることがあるが，このようなことはむしろ例外である．
　(3) 調査の枠組をしっかり立てること
　この調査で，何を知りたいか，どんなことを明らかにしたいか，テーマをはっきり設定する．あれもこれもと，総花的にすると，焦点がぼけて散漫になり，質問数だけがやたらと増え，すぐに限界量をこえてしまうだろう．主たるテーマについて，その切り口としていくつかの側面を設定し，サブ・テーマをいく

つか枝分かれさせる．さらに，サブ・テーマを具体化し，質問文を作成する．このように，一つの調査票を構成するいくつかの質問間には，相互のつながりが明確になっていることが望ましい．

(4) 相対的に解釈できるように設計すること

調査の結果は，「Ａの意見 40％」と，パーセントの数字で表される．この数字の解釈に際しては，「Ａの意見は 40％もあった」ということもあるし，まったく逆に，「Ａの意見は 40％しかなかった」ということもある．同じ「40％」を読むのに，多いとも少ないとも，いかようにもなるのは，40％という統計を出すまでの過程が科学的であるだけにもったいない．

このような場合には，必ず比較対照できる質問・回答なり，属性分析なり，過去の調査結果なりを用意しておくとよい．たとえば，「Ｂの意見と比較してＡの意見は～」とか，「男と比べて女の意見は～」，「過去の調査と比較して今回は～」など，パーセントを解釈する基準軸をもつほうがよい．このため調査質問文，回答選択肢，結果などのデータバンクの利用は有用である．現在，いくつかの大学で世論調査の結果を含めた調査関係資料を閲覧することができる．さらに，最近は国や自治体ばかりでなく，団体や企業などもウェブ上のホームページで調査結果を公表しているところがみられる．内閣府政府広報室のホームページでは，過去の世論調査について質問と回答を紹介した調査結果の概要を見ることができる[*1]．

　　[*1]（内閣府のホームページは http：//www.cao.go.jp/）また，内閣府発行の「全国世論調査の現況（世論調査年鑑）」には，国内で実施された毎年の各種世論調査の「質問と回答」が紹介されている．他にも，マスコミ各社や調査データアーカイブなどが，調査結果に加えて，質問文や調査方法などをそれぞれのホームページなどで公開している．

(5) 質問・回答を平易な文章にすること

よほどのことのない限り，調査の企画者が調査相手すべてを直接に調査することはない．調査相手は，調査員によって調査票が読み上げられるか，あるいは，調査相手が自分で読むかして，調査の内容を理解する．したがって，だれもが読むだけで理解できるように，質問文や回答選択肢が作られていなければならない．もし，どこかに疑問が生じても，その場で確かめることができないからである．

(6) 答えやすい質問からはじめる

質問の最初（導入質問）は，誰でもそんなに考えずに気軽に答えられるような質問からはじめる．それからしだいに難しい質問へと移る．また，一般的問

題から特定の問題へと移る．その際，尋ねている内容が前後しないように，テーマ別に順序よく配列する．

「20歳以下に」とか，「専業主婦だけに」尋ねるなど，調査相手を限定する質問は，なるべく続けて1か所にまとめるようにする．そうしないと，質問の流れが複雑になり，調査相手が混乱して，回答もれ，対象外の回答など間違いが発生しやすくなる．

男女・年齢・学歴・職業などの基本的属性は，調査相手を分類するために必要である．これらは，かつて調査票の1ページ目にあったことから，フェース・シートとよばれているが，現在では調査票の終わりのほうに移っている．調査相手自身についてこのようなことを尋ねると，人によってはプライバシーを侵害されるといって拒否したり，あるいは拒否しないまでも多少きまずい思いをさせると，その後の質問がやりにくくなるので，最後のほうで質問するようになった．

5.2 質問文の作成要領：質問の形式

質問は原則として，一度聴いて（読んで）すぐに理解できるものでなければならない．ここでは，個人面接法の場合の質問文作成の際に，注意すべきことをいくつか列挙する．

① 平易な日本語であること．
② 耳から一度聴くだけで理解できること．
③ どんな調査相手でも理解できる内容であること．
④ ある特定の回答を誘導する質問はしないこと．
⑤ あまり複雑な条件つきの質問は避けること．
⑥ ふだん考えたことのないようなことを質問しないこと．
⑦ あまりに専門的になる事柄は避けること．

ようするに，ふだんのまま，気構えずにありのまま回答できるような質問がよい．

以下では，質問文の形式とそれに応じて回答が変わる例をいくつかあげる．

まずあげられるのは，「誰でも理解できる」わけではない難しい質問で無回答が増える場合である．後述の5.5節の例1（「日本人の平和観」調査第23問D）で紹介している質問は，「無回答」が4分の1となっている．

1) 質問の仕方によって回答が変わる例

実験調査として，AとBの2つのグループそれぞれに対立するコメントの一方のみを示し賛否を求め，結果が一致するかどうかをみた（吉田，1980，1981）．例1では，「年上の人にたいする敬語」の質問を取り上げる．結果は，表5.1のようになり，回答の出方は異なっている．Aグループでは「そう思う」は92%なのに，それに見合うBグループの「そうは思わない」は81%と少なくなっている．逆にAグループでは「そうは思わない」が6%なのに，それに見合うBグループでの「そう思う」は17%と多くなっている．

このように，この質問では，示したコメントのほうが肯定されやすいという"Yes-tendency"が認められる．

▷例1　ある問題の対立的な側面の一方だけを提示する質問．
Aグループへの質問
　リストには，日常生活の中でのものの考え方がいくつか書いてあります．それぞれについて，「そう思う」とか「そうは思わない」とかお答えください．
　「年上の人に対しては，敬語やていねいなことばを使うのが当然だ」
Bグループへの質問
　リストには，日常生活の中でのものの考え方がいくつか書いてあります．それぞれについて，「そう思う」とか「そうは思わない」とかお答えください．
　「相手が年上だからといって，敬語やていねいなことばを使う必要はない」

表5.1　一方側面のみの提示の質問

Aグループ（408人）		Bグループ（427人）	
そう思う	92（%）	81（%）	そうは思わない
そうは思わない	6	17	そう思う
わからない・無回答	2	3	わからない・無回答

2) 意見を一般的・個人的に問う場合

「一般的に…」とimpersonalに尋ねるケースと，「あなたにとって…」とpersonalに尋ねるケースの違いである．同じ目的で形式が違うというよりも，むしろ尋ねている内容が異なっていると考えたほうがよいであろう．例では実験調査として結果がどのくらい違うものかを確認する意味で，「テレビの影響」に対する認識を取り上げた（吉田，1980，1981）．この調査では同一調査相手に時期を変えて尋ねた．結果は，表5.2のようになり，テレビの影響力を「かなり大きな影響を受けている」とみる人の率は「Aグループ>Cグループ」となっている．「人びと」と「自分」とでは，「58% 対 18%」で3倍の開きがある．

▷例2　一般的質問と個人的質問
Aグループへの質問
　あなたは，世の中の人びとは，テレビから，何か影響を受けていると思いますか．リストの中からお答えください．
Cグループへの質問
　あなたは，ご自分が，テレビから，何か影響を受けていると思いますか．リストの中からお答えください．

表5.2　一般的質問と個人的質問（％）

	Aグループ（408人）	Cグループ（401人）
かなり大きな影響を受けている	58（％）	18（％）
あるていどの影響を受けている	37	66
ほとんど（ぜんぜん）影響を受けていない	2	16
わからない，無回答	3	1

3) 中間的選択肢の有無

「どちらともいえない」などの中間的選択肢の有無について，実験調査を紹介する（村田・小野寺，2010）．答えに迷うような質問で中間的選択肢への回答率が高く，実態を尋ねる質問や調査相手が日頃考えているような質問では回答率が低かった．なお，調査票の順序効果と考えられる影響などもみられる．

▷例3　日本人とテレビ・2010実験調査（NHK，2010年3月，郵送法）
あなたは，テレビをひとりだけで見たいほうですか，それとも，他の人といっしょに見たいほうですか．

	郵送A（609人）	郵送B（606人）
1. ひとりだけで見たい	37.4（％）	56.8（％）
2. 他の人といっしょに見たい	22.7	41.4
3. どちらともいえない	38.9	－
4. わからない，無回答	1.0	1.8

あなたがテレビを見る時刻はだいたい決まっていますか，それとも，あまり決まっていませんか。

	郵送A	郵送B
1. だいたい決まっている	80.8（％）	81.0（％）
2. あまり決まっていない	13.8	18.0
3. どちらともいえない	4.4	－
4. わからない，無回答	1.0	1.0

5.3 回答の形式

回答の形式は，主として回答のとり方によって分類する．まず，大きくはあらかじめ回答を用意（選択肢提示）するか否かで二分する．そして，前者をさらに選択させる数で分ける．それぞれの具体例を 2010 年 6 月「日韓市民意識」調査[*2]からあげてみる．

 *2 日本が韓国を併合してから 100 年となる 2010 年に，両国の人々の生活，社会意識，相手国の見方を調査・分析公表することで，相互に相手の立場を理解し友好に発展させる一助としたいと NHK と韓国の KBS が共同で実施した（河野・原，2010）．

1)　単一回答 (single answer：SA)

質問に対して，いくつかの選択肢を示し，その中から該当する回答を一つだけ選ばせる．いちばん強い選択を知りたいときに用いる．

 ▷例1 日本や韓国（韓国や日本）も含め，国際社会で取り組まねばならない最も重要な問題は何だと思いますか．リストから 1 つお答えください．

	日本 (1473 人)	韓国 (1000 人)
1. テロ対策	10.9 (％)	8.9 (％)
2. 地域紛争の防止	13.1	23.7
3. 核兵器の廃絶	32.9	26.0
4. 貧困の解消	12.0	5.3
5. 地球温暖化防止	14.9	16.6
6. 金融危機の回避	6.5	9.4
7. 食糧危機の解消	3.8	4.1
8. その他（具体的に　　　）	0.1	0.1
9. 特にない	1.1	5.8
10. わからない，無回答	4.8	0.1

2)　複数回答 (多肢選択，multiple answer：MA)

質問に対して，いくつかの選択肢を示し，その中から該当する回答をいくつでも選ばせる．多くの項目の中から選ばせたいときに用いる．複数回答の場合，次の 3) に示すように，「2 つまで」とか，「3 つまで」というように回答数を限定することがあるが，実態を聞くときは限定を設けないで（あてはまるものをすべて）回答してもらうべきである．

 ▷例2 あなたは韓国（日本）のことを扱ったテレビ番組を見たことがありますか．ある場合は次のうちどのような種類のテレビ番組でしたか．リストから，

いくつでもおっしゃってください．ない場合はお答えいただかなくてもけっこうです．（M.A.）

	日本	韓国
1. ニュース番組	39.2 (%)	34.6 (%)
2. ドキュメンタリー	16.4	25.1
3. トーク番組や討論番組	4.6	4.4
4. ドラマ	53.4	15.8
5. テレビ映画	19.1	16.1
6. バラエティー	3.3	3.6
7. 歌謡番組	4.8	3.9
8. スポーツ番組	14.7	18.5
9. 情報番組（ワイドショーを含む）	7.9	8.4
10. ハングル講座番組（日本語講座番組）	5.1	4.6
11. その他のジャンル	0.0	0.3
12. 見たことがない，わからない，無回答	16.9	27.1

3) 限定回答（limited answer：LA）

質問に対して，いくつかの選択肢を示し，その中から該当する回答をある限定する数以内で選ばせる．たとえば，「2つまで」とか，「3つまで」とか，比較的強い選択を知りたいときに用いる．

▷**例3** あなたは韓国と日本の関係を前進させるためには，なにが必要だとおもいますか．リストから，重要だと思うことを2つお答えください．（2M.A.）

重要だと思うこと（2つ）	日本	韓国
1. 貿易の不均衡の解消	2.9 (%)	10.4 (%)
2. 政治的対話	37.1	22.3
3. 経済交流	28.0	13.9
4. 戦後補償にかかわる問題の解決	10.0	26.0
5. 文化・スポーツ交流	27.6	9.9
6. 市民レベルの交流	16.3	4.3
7. 歴史認識をめぐる問題の解消	27.4	34.4
8. 竹島（独島）をめぐる領有権の問題の解決	23.6	62.0
9. 漁業権の問題の解決	6.7	8.4
10. その他（具体的に　　　）	0.0	0.0
11. 特にない	2.6	2.8
12. わからない，無回答	5.3	0.0

4) 順序づけ回答

質問に対していくつかの選択肢を示し，その中から該当する回答を何個か，一番目，二番目，…と順序づけて選ばせる．回答の優先順位を知りたいときに用いる．

▷例4　A　仮に，あなたが人生に行きづまったとき，いちばん頼りになるのは誰ですか．リストから1つだけお答えください．
　　　　B　では，その次に頼りになるのは誰ですか．同じくリストから1つだけお答えください．

	A (1番目)		B (2番目)	
	日本	韓国	日本	韓国
1. 父	6.2 (%)	13.7 (%)	9.7 (%)	9.1 (%)
2. 母	13.5	11.8	13.0	20.9
3. 息子	8.9	9.5	15.5	15.5
4. 娘	4.0	1.7	11.7	11.2
5. 兄弟姉妹	7.2	5.0	14.6	16.4
6. 夫・妻	48.5	49.7	11.1	6.2
7. 親戚	0.7	0.5	3.5	1.5
8. 近所の人	0.3	0.5	1.0	1.8
9. 親しい友人	7.6	5.8	12.8	13.4
10. その他（具体的に　　）	0.4	0.7	0.6	0.4
11. 頼りにできる人はいない	1.9	1.1	4.5	1.1
12. わからない，無回答	0.7	0.0	2.1	2.5

5) 段階選択

選択の強度を知りたいときに用いる．段階が明らかになるように，＋と－が対称的になるよう選択肢を作る．このとき中間に中立的意見をおくこともある．

▷例5　あなたは韓国（日本）が好きですか．それとも嫌いですか．リストから1つお答えください．

	日本	韓国
1. 好き	11.9 (%)	1.9 (%)
2. どちらかといえば好き	50.2	26.0
3. どちらかといえば嫌い	20.6	57.3
4. 嫌い	4.1	13.5
5. わからない，無回答	13.0	1.3

6) 甲乙対比

相対立する二つの意見甲乙を示し，そのいずれの意見に近いか（甲か乙か）を尋ねる．状況を具体的に示すことによって，比較的長文の選択肢になるときに用いることもある．

▷例6　人とのつきあい方について，次のような甲，乙の二通りがあります．リストのように分けると，あなたが望ましいと思うのはどちらに近いですか．

甲：何でも相談したり，助け合えるつきあい
乙：お互いのことに深入りしないつきあい

	日本	韓国
1. 甲	39.4 (%)	23.5 (%)
2. どちらかといえば，甲	28.7	51.7
3. どちらかといえば，乙	16.7	21.7
4. 乙	13.2	3.1
5. わからない，無回答	1.9	0.0

7) 自由回答

質問に対する回答を，調査相手の思いつくままに述べてもらう．これは，あらかじめどんな回答が得られるか予想のつかない場合とか，個別・具体的な状況を把握したいときに用いる．また，プリテストでは自由回答の質問をして，どんな種類の回答が出現するかを調べ，その回答を分類して本調査の選択肢を作成することがある．

▷例7　あなたは，韓国人（日本人）というと，まず，だれを思い浮かべますか．歴史上の人でも現在の人でも結構です．友達や個人的知り合いは除いて，思い浮かべる人物をひとりだけ挙げて下さい．（自由回答）

日本の回答，人物名	実数	(%)	韓国の回答，人物名	実数	(%)
1. ペ・ヨンジュン	306	21	1. 伊藤博文	208	21
2. キム・デジュン	112	8	2. 小泉純一郎	97	10
3. イ・ミョンバク	107	7	3. 浅田真央	84	8
4. チェ・ジウ	63	4	4. イチロー	64	6
5. イ・ビョンホン	58	4	5. 豊臣秀吉	60	6
6. キム・ヨナ	50	3	6. 本田圭佑	25	3
7. 東方神起	39	3	7. 菅直人	19	2
8. パク・チソン	23	2	8. 徳川家康	17	2

9. パク・チョンヒ	17	1	9. 木村拓哉	16	2
10. イ・スンマン	16	1	10. 安倍晋三	11	1
11. その他	207	14	11. その他	149	15
12. 思い浮かべる人はいない	298	20	12. 思い浮かべる人はいない	182	18
13. わからない，無回答	177	12	13. わからない，無回答	68	7

5.4 属　　性

調査の解釈にあたって，分析の基準となるものとして，調査相手の属性（フェース・シート）がある．これは性別・年齢・学歴・職業などの人口統計的指標や，家族構成・居住地域などの社会的指標などである．

以下に，これら属性のいくつかについて標準的な質問文を列記する．

年齢

　　質問 A　あなたは何年生まれですか．
　　　　1. 明治
　　　　2. 大正　　☐ 年生まれ
　　　　3. 昭和
　　　　4. 平成
　　質問 B　あなたのお年はいくつですか．次の区分でお答えください．
　　　　1. 16～19 歳
　　　　2. 20～29 歳
　　　　3. 30～39 歳
　　　　4. 40～49 歳
　　　　5. 50～59 歳
　　　　6. 60～69 歳
　　　　7. 70 歳以上

学歴（個人面接法）

　　質問　あなたが最後に卒業された学校を，リストの中から 1 つだけあげてください．
　　卒業　1. 中学校（旧制小学校，高等小学校）
　　　　　2. 高等学校（旧制中学校，女学校）
　　　　　3. 高等専門学校・短期大学（旧制高等学校）
　　　　　4. 大学，大学院

在学中 ┌ 5. 高等学校
　　　│　　高等専門学校（1〜3年生）
　　　│ 6. 高等専門学校（4, 5年生）
　　　└　　短期大学，大学，大学院
　　　　 7. その他（具体的に記入）

＊中退はそれ以前の卒業校を最終学歴とする．
　専修学校や予備校，洋裁学校など各種学校は学歴としない．
　なお，この学歴区分は調査年齢が 16 歳以上のときに用いる．10 歳以上を調査するときには・小学校・中学校・高校在学中を追加する．

学歴（配付回収法）

質問　あなたが最後に卒業された学校を，次の中から **1 つだけ**選んで○をつけてください．
　　（在学中の方は，「5. 在学中」に○をつけてください）　　（○は 1 つ）

卒業 ┌ 1. 中学校（旧制小学校，高等小学校）
　　 │ 2. 高等学校（旧制中学校，女学校）
　　 │ 3. 高等専門学校・短期大学（旧制高等学校）
　　 └ 4. 大学，大学院
　　　 5. 在学中
　　　 6. その他（具体的に）

職業（個人面接法）

質問　あなたの職業は，このように分けると，どれにあたりますか．**1 つだけ**選んでください．

●職業あり

自分で商売　┌ 1　農林漁業者　　　（家族従事者を含みます）
や仕事をし　│ 2　自営業者　　　　（従業員 9 人以下．個人事業主，家族従事者を含む）
ている　　　└ 3　経営者　　　　　（従業員 10 人以上）

勤めてい　┌ 4　管理職　　　　　（従業員 50 人以上）
る　　　　│ 5　販売・サービス職（店員，外交員，理容師，ホームヘルパーなど）
　　　　　│ 6　技能・作業職　　（工員，職人，運転手，作業員，保守点検員など）
　　　　　│ 7　事務・技術職　　（営業，経理，システム技術者，教員，看護師など）
　　　　　└ 8　専門職，自由業　（医師，弁護士，芸術家，学者など）

●職業なし
　　　　　　9　主　　婦　　　　（パートの有無にかかわらず家事が主の女性）
　　　　　 10　学　　生　　　　（専修・各種学校生を含みます）
　　　　　 11　無　　職
　　　　　 12　その他　　　　　（1〜11 以外の職業，具体的に：　　　　　）
　　　　　 13　無回答

表 5.3　職業分類表（調査員の手持ち資料）

分　類	定　義	例
1. 農林漁業者	従業員 9 人以下の規模で農林漁業を行う事業主とその家族従事者	◎農業，林業，漁業の業主および家族従事者
2. 自営業者	従業員 9 人以下の規模で商・工・サービスなどの業を行う事業主とその家族従事者	◎商店，製造業などの業主および家族従事者 ◎大工，庭師などの自営の職人
3. 経営者	従業員 10 人以上の企業・団体の経営を行う者	◎10 人以上の企業・団体の経営者・役員
4. 管理職	官公庁や従業員 50 人以上の企業・団体の管理を行う者	◎官公庁の管理職（課長以上） ◎50 人以上の企業・団体の管理職（課長以上） ◎幼稚園長，小・中・高の校長，教頭，学長 ◎外国・主要国内航（空）路の船長，機長
5. 販売・サービス職	物品などの販売や各種のサービス提供に直接従事する勤め人	◎商店，デパート，スーパーなどの店員 ◎保険勧誘やセールスなどの外交員 ◎飲食店，旅館，ホテルなどの接客員 ◎車掌，出・改札係，観光ガイド，理・美容師など ◎アパートの管理人，ホームヘルパーなど
6. 技能・作業職	①一定の水準の知識・技能を必要とし，熟練・経験によって行われる仕事をする勤め人 ②とくに知識や熟練を必要とせずおもに身体を使い，短期間で修得できる技能で行われる仕事の勤め人	◎特殊技能工，熟練工，バス・電車等の運転手 ◎組長，班長，現場監督など ◎雇用されている職人 ◎消防士 ◎見習工，臨時工，職人の見習いなど ◎農林漁業，土木建築関係，運輸関係などの労働者，配達関係の運転手 ◎用務，雑役，警備，臨時雇用者など
7. 事務・技術職	一般的な事務・技術的分野およびやや特殊な専門分野で，主として頭脳労働的に行われる業務に従事する勤め人	◎企業，団体，官公庁の事務，技術関係の社員，職員 ◎教育関係者（幼稚園，小・中・高，各種学校の教員，大学講師，助手など） ◎医療衛生関係者（薬剤師，看護師など） ◎運輸関係者（航海士など） ◎49 人以下の企業，団体の管理職

8. 専門職，自由業	特殊な専門分野で高度な知識，資格，経験をもって業務を行っている勤め人や事業主，自由業	◎医師，弁護士，裁判官，検察官，公認会計士，外交官，大学教授，准教授 ◎芸術家 ◎師匠（茶道，華道など） ◎プロスポーツ関係者 ◎宗教家 ◎政治家（国会・地方議員，知事，市区町村長など）
9. 主　婦	パートの有無にかかわらず，主として家事に従事している女性（単身者は除く）	
10. 学　生	小・中・高・高専・短大・大学およびこれに準ずる教育施設で学んでいる人（「予備校」「専修学校」「各種学校」の生徒を含む）	
11. 無　職	1～8の「職業」および12の「その他」に当てはまらないで，かつ「主婦」「学生」に属さない人	
12. その他	1～8の「職業」の分類に属さない職業の従事者．	◎自衛官，警官（消防士は「技能・作業職」）

職業（配付回収法）

質問　あなたの職業は、次のように分けると、どれにあたりますか。あてはまるものに1つだけ○をつけてください。（○は1つ）
　　　（ここでの「職業」とは収入を得るために継続的に従事している仕事のことをさします。）

●職業あり			
自分で商売や仕事をしている	1	農林漁業者	（家族従事者を含みます）
	2	自営業者	（従業員9人以下，個人事業主，家族従事者を含みます）
	3	経営者	（従業員10人以上）
勤めている	4	管理職	（従業員50人以上）
	5	販売・サービス職	（店員，外交員，理容師，ホームヘルパーなど）
	6	技能・作業職	（工員，職人，運転手，作業員，保守点検員など）
	7	事務・技術職	（営業，経理，システム技術者，教員，看護師など）
	8	専門職，自由業	（医師，弁護士，芸術家，学者など）
●職業なし			
	9	主　婦	（パートの有無にかかわらず家事が主の女性）
	10	学　生	（専修・各種学校生を含みます）
	11	無　職	
	12	その他 〔1～11以外〕	**（具体的にご記入ください）**

【「4～7（勤めている）」に○をつけた方におたずねします】
質問　次のように分けると、あなたは、1～5のどれにあてはまりますか。（○は1つ）

1	正規の職員または従業員	4	派遣社員
2	パートまたはアルバイト	5	その他（具体的に　　　　　　　　　　）
3	契約社員・嘱託		

5.5　無回答の分析：回答しにくい質問と回答しない人たち

　世論調査では調査相手から回答を得ることのできない場合がしばしば起こる．その第一は，不在・拒否などによって調査そのものができない，いわゆる"調査不能"の人たちの存在である．その第二は，調査には応じたものの，回答をしたくない質問や，回答ができないような難しい質問だったりして，"無回答"（don't know：DK）になる場合である．

　"調査不能"率は，調査方式によって異なる．個人面接法で2～5割近くにもなるが，ここではこの問題には深くはふれないことにする（7章参照）．本節では，第二の"無回答"を問題にし，その発生の状況を質問・選択肢と調査相手との両面から検討を進める．

　ふだん考えてもいないことを突然尋ねられたり，内容がとても難しかったりすると，往々にして"無回答"になりがちであるといわれる．あるいは質問量が多すぎて，調査相手が終わりのほうまで回答を続けられない場合にも"無回答"は起きる．それは，調査相手の性別や年齢によって，あるいは国によっても異なるであろう．これらの点を各種世論調査の分析を通じて明らかにし，調査票の設計に役立てることにしたい（杉山，1983）．

1)　分析の方法

　ここでは，"無回答"の分析のために新たな実験調査をせずに，通常の世論調査データの再分析から実際の調査における"無回答"の発生状況を詳しく調べることにした．取りあげた調査は，1980～1982年までの間に，NHKが実施した全国調査と国際比較調査である．調査方式はいずれも質問紙による個人面接法である（表5.4）．

　ここで個人面接法（リスト提示による）について，少し詳しく説明する．

　調査員は調査票を見ながら，第1問から順に質問文を読み，続いて回答選択肢も読み上げる．調査相手には，回答選択肢が1問ずつ印刷してある"回答リスト"が手渡されている．それを見ながら，調査相手は質問に該当する選択肢

表5.4 対象とした調査一覧

調査テーマ	調査時期	年齢範囲	調査相手数（人）	有効率(%)
日本人の食生活	1981.10.24～25	16歳以上	4,740	76.6
現代日本人の宗教意識	1981.11.28～29	16 〃	3,600	74.8
テレビ30年	1982.10. 2～ 3	16 〃	3,600	76.0
日本人の平和観	1982.10.23～24	16 〃	3,600	72.9
国際比較調査　日本	1980.11.29～30	16 〃	3,600	73.6
国際比較調査　米国	1980.12. 8～15	18 〃	1,680	—
国際比較調査　西ドイツ	1981.12. 8～14	18 〃	1,651	—

注）米国での調査はギャラップ社に，西ドイツでの調査はエムニッド社に調査実施を委託した．

を答える．調査員は，調査相手の回答を調査票に記入する．この方法は，質問紙を用いた他記式による個人面接法という．

"回答リスト"には，「その他」「わからない」や「無回答」などは載せておらず，回答の意味のある選択肢のみ記載してある．「無回答」に類する選択肢は，調査員がもつ調査票にだけ記載してある．調査相手に見せるリストに記載することによって，「無回答」を必要以上に誘発するのを心配している．調査員は中・高年の主婦が主流であった．調査員には，事前に調査実施について，とくに面接調査の仕方について説明し訓練をしている．

質問・選択肢の分類　　ここでは，質問・選択肢について次の分類をし，それぞれでの"無回答"の出方を調べることにする．

(1) 質問の領域
　　1. 政治・国家　　　　4. 個人
　　2. 社会・職業　　　　5. 宗教心
　　3. 生活・家庭　　　　6. 女性
(2) 質問の形式
　　1. そう思う-そう思わない　　5. 単一選択（前記1～4以外）
　　2. 甲の意見-乙の意見　　　　6. 多肢選択
　　3. 頻度・程度　　　　　　　　7. 自由回答
　　4. 点数
(3) そう思う-そう思わないの選択肢
　　1. そう思う　　　　　　　　　　　4. そうは思わない
　　2. どちらかといえばそう思う　　　5. 無回答（DK）
　　3. どちらかといえばそうは思わない

(4) 肯定的・否定的回答
　　1. 肯定的回答　　3. 中間的回答
　　2. 否定的回答　　4. 無回答（DK）

また，調査相手については男女別・年齢別に分析することにし，とくに年齢は5歳ずつ細かく分類した．

2) 回答のしにくい質問

調査のテーマで変わるDK率（表5.5）　「日本人の食生活」のように，昨日食べたごはんの献立や，好きな食物など，日常の生活に密着したものを尋ねた場合には，DK率は低い．戦争・防衛・平和など，毎日の生活にかかわりの少ないような質問では，DK率が高い傾向がある．

表5.5　調査別DK率

日本人の食生活	2.1 (%)
現代日本人の宗教意識	2.3
テレビ30年	2.3
国際比較（日本）	4.0
日本人の平和観	7.7

質問の領域で変わるDK率　「国際比較調査」では，特定の領域に質問を限定せずに，できるだけ広範な領域にわたっているので，領域別に質問を分類してDK率を算出し，その傾向を比較してみる．"政治・国家"に関する質問が最もDK率が高く，調査有効相手の約6％を占めている．残りの領域は，"政治・国家"の約半分のDK率である（表5.6）．

一方，「日本人の平和観」では，平和・憲法・歴史などのことを質問しているが，その中を内容によって細かく分類すると，"ナショナリズムの意識"に関する質問でのDK率が平均11％と高い（表5.7）．

表5.6　領域別DK率（国際比較・日本）

政治・国家	5.9 (%)
個　人	3.5
社会・職業	3.1
宗教心	2.9
生活・家庭	2.8
女　性	2.6

表5.7　質問内容別DK率（日本人の平和観）

ナショナリズムの意識	10.9（%）
戦争の歴史に対する認識	8.9
平和についての現状認識	8.4
憲法第九条・自衛隊・核	7.5
平和運動の有効性と行動	6.9
平和についての考え方	1.3

実態より意識で高いDK率　「テレビ30年」において，実態調査と意識調査とでDK率の発生がどのくらい違うかをみてみよう．"実態"より"意識"調査のほうが約3倍DK率が高く出る傾向がある（表5.8）．

表5.8　実態／意識質問のDK率

実態についての質問	1.1（%）
意識についての質問	3.5

現在より過去のことで高いDK率　「テレビ30年」について問いかけている事柄の時期，すなわち，過去のことなのか，現在のことなのか，あるいは過去から現在に至る変化なのかなどによるDK率の相違をみることにする．

　現在のことを尋ねられたときがDK率が低く，過去-現在，過去と時間がさかのぼるにつれ，あるいは現在-未来と先のことになるにつれて少しずつDK率が高くなっている（表5.9）．

表5.9　回答対象の時制別DK率

過去	3.7（%）
過去-現在	3.1
現在	2.0
現在-未来	2.2

DK率の高い質問　個々の質問について，"無回答"率の高かった質問・選択肢には次のようなものがある．

▷例1　「日本人の平和観」
　第23問　日本は，明治から昭和20年の敗戦まで，数多くの戦争や領土拡張を行ってきましたが，あなたはこれをどのように評価していますか．

D. 太平洋戦争が，欧米諸国の圧制に苦しんでいたアジア諸国の独立回復を早めた点は評価すべきだ．
1. そう思う　　　　　　　　　　　　　45.5（％）
2. そうは思わない　　　　　　　　　　25.1
3. 昔のことだから自分には関係ない　　 5.5
4. わからない・無回答　　　　　　　　23.9

この質問では，調査相手のなんと4分の1近い人びとが「わからない」と回答するか，「無回答」である．この第23問の―歴史の認識―に関する質問で残りのA～Cについては，「A. 日清戦争から太平洋戦争までの50年の日本の歴史は，アジア近隣諸国に対する侵略の歴史だ」でもDK率が16.3％を占めた．また，B問でも11.9％，C問でも8.2％と高いDK率である．

DK率の低い質問　このようにみてくると，DK率の低い質問は，女性や生活・家庭など，日常生活に密着している現在の事柄であり，かつ意識ではなく実態であるなどの状況が浮きあがってきた．たとえば，「テレビ30年」でみると，テレビ視聴時間量は"家庭での現在の実態"ということで0.0％ときわめて低いDK率である．

▷例2　「テレビ30年」第1問（1）
あなたは，休日を除くふだんの日に，1日にテレビを何時間ぐらいご覧になっていますか．
［回答］
1時間ぐらい　　　　　　　　　　　　17.8（％）
2時間ぐらい　　　　　　　　　　　　27.5
………………（中略）………………
9時間以上　　　　　　　　　　　　　 1.6
まったくみない　　　　　　　　　　　 1.3
わからない・無回答　　　　　　　　　 0.0

「日本人の平和観」調査は全体的にDK率は比較的高いが，その中でDK率が最も低いのは，"今の日本を平和と思うか"の質問で0.9％である．ついで低いのは，"平和のためにここ1年間にした行動の実態"で1.0％のDK率である．

質問の形式によるDK率　調査の内容と質問の形式とはきわめて密接に関連しているので，既存の調査からそれを分離して論ずるのは困難である．とりあえず，このような内容と形式との相関関係を無視して，単純に質問を形式別に分けてDK率をみてみよう．

表 5.10　質問形式別 DK 率

	単一選択	多肢選択
日本人の食生活	2.2（%）	0.4（%）
現代日本人の宗教意識	2.2	3.6
テレビ 30 年	4.6	3.3
日本人の平和観	8.1	5.6

「宗教意識」調査以外は，多肢選択より単一選択での DK 率がやや高い．さらに，単一選択について，回答選択肢のタイプで分けると，甲乙二つの意見を対比する質問や点数をつける質問では DK 率が比較的高く，頻度・程度で答えたり，そう思うか否かで答える質問では DK 率が低い．

表 5.11　単一選択の回答選択肢タイプ別 DK 率

1. そう思う-そう思わない	3.2（%）
2. 甲の意見-乙の意見	6.3
3. 頻度・程度	3.0
4. 点数	9.5
5. それ以外の単一選択	3.4

（国際比較調査・日本）

国によって違う回答傾向　国による DK 率の違いを，回答のタイプ（肯定・否定）でみてみよう．表 5.12 によると，日本人の DK 率は米国人より高いが，それより西ドイツ（当時）のほうがさらに高い．

表 5.12　回答の傾向（100% = 62 問）

	日　本	米　国	西ドイツ
肯定的回答	48.5（%）	53.4（%）	44.5（%）
否定的回答	10.9	13.6	10.3
中間回答	36.6	30.3	40.0
無回答	4.0	2.6	5.2

NHK 国際比較調査（1980，日本，米国，西ドイツ）

興味深いのは，肯定的回答・否定的回答とも日本や西ドイツより米国に多く，イエス・ノーのはっきりしている国民性が出ている．

3）　**調査に回答しない人たち**
高年層で多い調査不能と無回答　調査で指定した全調査相手の中で，はた

5.5 無回答の分析：回答しにくい質問と回答しない人たち

してどのくらい有効な回答を得ることができたのであろうか．

指定サンプルはまず，調査がどうしてもできなかった調査不能サンプルと有効サンプルとに分かれる．そして有効サンプルの中が，回答によってさらに有効回答と無回答とに分かれる．

男女や年齢によって，調査不能にそうとうに差異があることはよく知られている．とくに，若い年齢の男子，高年層の男女に調査不能が多い．

「日本人の平和観」について，指定サンプルを100にしたときの調査不能−無回答−有効回答の割合を，男女・年層別に図示する（無回答は全質問の平均値）．図5.1の男性年層別でみると，無回答の多いのは65歳以上である．若い年代は調査不能は多いが，無回答は少ない．図5.1の女性でも，若い年代より高年層で無回答が多くなる傾向がある．調査不能と合わせると，70歳では40%以上，75歳では50%以上もの人が，調査に回答していない．

概して，男性より女性で無回答が多い．

テーマで変わる女性のDK率　　男女年層別で有効サンプルを100にしたときのDK率がどのように変わるかを，食生活，宗教意識，テレビ30年，平和観などの調査テーマでみてみよう．

図5.2の男性の年層別では，16歳から60歳ぐらいまでは，どれも5%以下で，調査テーマによっても，年齢によっても，DK率に大きな差異がみられない．65歳をすぎると"平和観"と"テレビ30年"の調査でDK率が高くなり出し80歳以上では10%をこえている．残りの調査では5%前後である．これに対し，図5.2の女性年層別をみると，男性とは違って，調査テーマによってDK率に相違がみられ，高齢になるに従ってそれが顕著になる．DK率は，"食

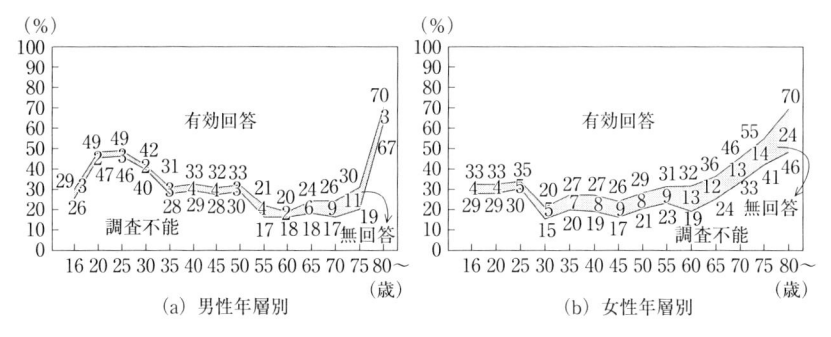

図5.1 有効回答，無回答，調査不能の割合（100% = 指定サンプル）
（NHK全国調査，日本人の平和観，1982年10月）

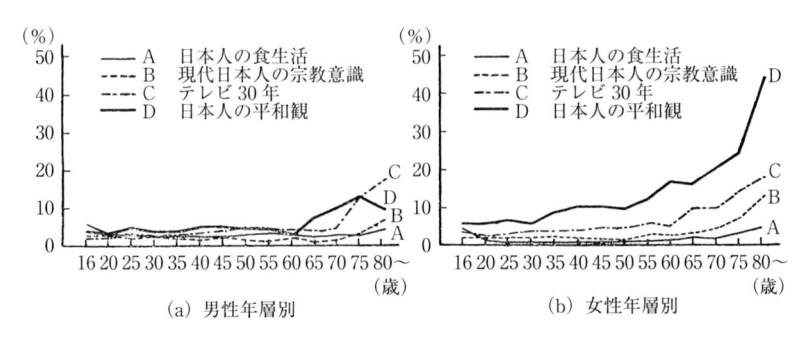

図 5.2 調査テーマごとの DK 率（100% = 調査有効数）（NHK 全国調査）

生活"が最も低く，"宗教意識""テレビ30年""平和観"の順に高くなる傾向があり，20歳以上の年層すべてで共通にみられる．

"平和観"について，女性のDK率では30歳までの6〜7%が，30〜50代で10%となり，60歳で17%，70歳で20%と上がり，75歳で24%，80歳以上では44%と次第に増加する．

"政治・国家"で高い女性DK率　国際比較調査の内容を領域別に分け，男女・年層別に図示すると，ここでも女性の高年層が極端に高いDK率を示す領域が現われる．

すなわち，"政治・国家"に関する質問で女性のDK率が高いのである．女性の40代以下では5〜6%程度であったのが，50代で10%，60代で15%と増加し，女性70歳以上では一挙に36%へとはね上がる（図5.3）．

これに比べ，社会・職業，生活・家庭，個人，宗教心，女性などの領域では，60歳をすぎるとやや高くなるものの，"政治・国家"ほどではない．

女性の高年層でDK率の高い質問事項は，表5.13のとおりである（比率は60代，70歳以上のもの）．

男性年層別は，図5.3に示したように，どの領域の質問でも共通して，高齢になるに従ってDK率がほんの少し増す傾向がみられる．

無回答の全然ない人　1人の調査相手が，どのくらい無回答をするかを数えてみた．全部の質問の回答が有効な調査相手は，全体の3分の1しかない．

無回答なしの率が平均以下の層は，男性では70〜74歳と85歳以上だけであるのに比較し，女性ではほとんどの層である．

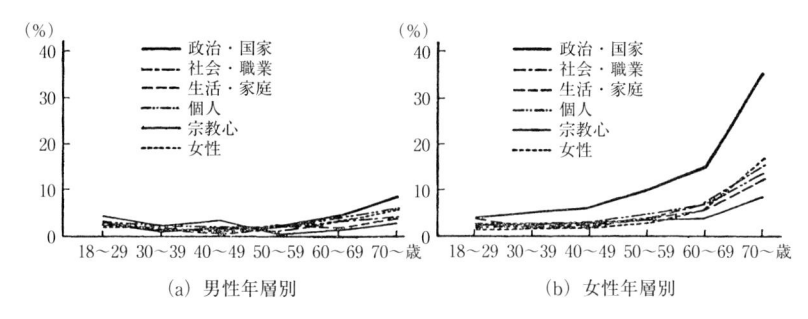

5.5 無回答の分析：回答しにくい質問と回答しない人たち

（a）男性年層別　　　　（b）女性年層別

図 5.3 質問の領域別 DK 率（100% = 調査有効数）
（NHK，国際比較調査（日本），1980 年 11 月）

表 5.13 女性高年層で DK 率の高い質問

	60 代	70 歳以上
政治は指導者にまかせるか	26（%）	55（%）
陳情・請願は有効な手段か	24	51
政府の問題処理の姿勢	21	50
庶民の要望をきいているか	18	50

（100% = 60 代；141 人，70 歳以上；86 人）

表 5.14 無回答とした質問数の分布（日本人の平和観）

	全体		全体
無回答なし	33（%）	無回答 7 問	3（%）
1 問	18	8 問	2
2 問	10	9 問	2
3 問	8	10 問〜	9
4 問	5	20 問〜	3
5 問	5	30 問〜	1
6 問	3		

4) おわりに

無回答の発生は，調査のテーマ，質問の領域によって変わる．とくに無回答が多くなるのは，政治的なこと，国家に関することなど，身近な日々の生活とは直接関係しないようにみえる事柄である．

そして，実態より意識に関する質問で無回答が多い．また現在よりも過去や，過去から現在に至る事項についても無回答が多い傾向がある．

一方，調査相手のほうから分析すると，男性は調査テーマにも質問の領域にもあまり影響されることなく，またどの年代でもほぼ平均した比率で無回答が発生する．これに対し，女性は調査テーマや質問の領域によって DK 率が変わり，わけても"政治・国家"に関する質問で多い．とくに，高年層女性では，この種の質問で DK 率が非常に高くなる．

ここでは，調査相手と質問の領域との関係から，無回答が発生している状況を指摘するにとどめる．調査をして有効な回答が非常に少ない高年層女性については調査の精度の問題もさることながら，調査相手の苦痛も考えての対策が必要であろう．

*補注　杉山（1983）の後に，質問の内容や形式に対する無回答の反応をみた研究がいくつかある．

「質問の位置」については，質問番号が「11〜20問」という中ほどで比較的無回答の割合が高いとされる．また，質問の長さでは，長くなるほど無回答の割合が高くなる傾向があり，さらに，回答リストの使用の有無別では，使用している質問より使用していない質問のほうが無回答の割合が高いことが示されている（氏家・小野寺，1997）．

「時制」に関して，「過去」や「現在」に比べ「未来」に関する質問で無回答の割合が高いとされている．それ以外では，身近な日常の話題よりも「政治」や「海外」のことに関する質問で無回答の割合が高くなっている点や，複数回答より単数回答に無回答率が高いこと，あるいは A か B かを問う二者択一の質問に無回答率が高いといった同様の点が指摘されている（Synodinos & Ujiie, 2001）．

他に，「無回答を生み出すメカニズム」として，回答者が回答するために必要な情報や知識をもっていないこと（Rapoport, 1982）や，訓練されていない調査員による（Billiet & Loosveldt, 1988）といった指摘がされている．

最近の日本での JGSS を用いた分析では，無回答が多くなるのは，質問文で，実態より意識をたずねる場合，選択肢が少ない場合，曖昧回答や不明回答の選択肢を含める場合，女性や高齢層，などといった指摘がされている（朝倉，2006）．

6. 調査実施
―個人面接法の場合―

6.1 調査員の条件

個人面接を実施する調査員の条件としては,適性で判断すべきであるが,その適性をどのようにして判断するかが問題になる.以下に調査員の条件をあげる.

(1) 人柄が誠実であること

指示されたとおりに真面目に調査をする.調査相手に好感をもたれる態度である.

(2) 調査を実施するのに必要な能力があること
・調査内容や調査相手の回答を正しく把握する(理解力・判断力).
・相手が不在のときには何回も訪問する努力をおしまない(行動力).
・調査を拒否しそうな人に,辛抱強く協力を求める(説得力).
・多少の嫌なことがあっても,がまんできる(忍耐力).

(3) 調査を実施する時間的余裕があること

指定した調査説明会に出席し,指定された日に調査が実施できること.一度訪問しても不在の調査相手には,面接できるまで何回も訪問する時間的余裕があること.

(4) 公務員でないこと

とくに,衆議院議員,参議院議員などの公職の選挙における世論調査の場合には,公務員(国家・地方)を調査員にしてはいけない[*1].なお地方公務員には,非常勤の消防団員なども含んでいる.

> *1 公職選挙法第226条(職権濫用による選挙の自由妨害罪)第2項
> 　国若しくは地方公共団体の公務員,…(中略)…が選挙人に対し,その投票しようとし又投票した被選挙人の氏名の表示を求めた時は,6月以下の禁固又は10万円以下の罰金に処する.

6.2 調査実施と管理

調査を騙って悪徳商法が行われたり,不幸にも刑事事件が起きることもあり,

次第に調査に容易に協力してもらえる環境ではなくなってきている．さらに，プライバシー意識の増加や「個人情報保護法」[2*]の施行（平成17年4月）により，調査がしにくい状況に拍車がかかった．

調査を実施する側は，このような調査環境の変化を熟知し，調査対象者の立場を十分に尊重し，また調査を行う調査員の指導・教育に，従前に増して取り組まなければならない．

1) 協力依頼状

調査相手に不審がられないようにするためには，前もって協力依頼状を送付して，調査主体や調査目的を説明しておくことは必要不可欠のことである．

調査相手に対して，調査への協力を依頼する手紙を，調査員が訪問する日の3〜7日前に届くように，調査実施責任者名を，保持しているプライバシーマーク[*3]や連絡先などとともに明記して出す．この依頼状には，「なぜあなたが選ばれたか」，「この調査の主旨・目的は何か」，「得られた結果をどう利用する予定か」，「どんな組織・機関が調査を企画しているのか」などを記す．また，「調査への回答はすべて統計的に処理して，個々の回答が外に漏れたり，回答者に迷惑をかけたりすることは一切ないこと」も明記する．

> ＊2　個人情報保護法（個人情報の保護に関する法律）：個人情報取扱事業者が個人情報の適正な取扱いのルールを遵守することにより，プライバシーを含む個人の権利利益の侵害を未然に防止することを狙いとして作られた法律．
>
> なお，「報道」「著述」「学術研究」「宗教活動」「政治活動」の5分野に関する活動は，適用されない．たとえばNHKでは，適用除外とされた「報道」「著述」「学術研究」の分野とそれ以外の分野に分けて，それぞれ定めた個人情報保護規程に基づいて個人情報を取り扱っている．
>
> ＊3　プライバシーマーク：(財)日本情報処理開発協会が，申請のあった事業者に対して，個人情報の適切な保護のための体制を整備しているかどうかを，JISQ15001に基づいて審査・認定している特別の表示である．平成10年に開始された．

2) 調査説明会の開催

調査の実施にあたっては，多数の調査員が働くことになる．調査員は調査を企画した者と，調査に回答する相手との間に介在する．この介在する人によって回答が変化するようでは困る．企画の意図が正確にもれなく，調査相手に伝達されるためには，それを確実に調査票に盛ることがまず大切であるが，そのうえ，一人ひとりの調査員が企画の意図を十分に理解して，調査員による偏りがないように教育・訓練する必要がある．その一つが調査員への調査説明会の開催である．

調査に関連して起こるさまざまな疑問・質問を想定して，あらかじめ返答を準備しておくほうがよい．調査が開始してからでは，全国に散在している調査員に一斉に指示をすることは難しい．同じような状況で，ある調査員は「1」と処理し，またある調査員は「2」と処理することのないように，説明会では十分説明をする．

3) 調査材料

説明会では，調査に必要な次のような材料を一式そろえて調査員に渡す．
① 調査相手一覧表（調査相手の住所・氏名・性別・生年が記載してある）．
② 調査票（質問・回答項目が記載してある）．
③ 回答リスト（必要に応じて回答の選択肢が記載してある）．
④ 調査相手への協力依頼状（すでに相手に郵送してあるもの，見本）．
⑤ 調査相手への謝礼品（協力への感謝の気持を示すようなもの）．
⑥ 身分証明書（調査員の身分を証明するもの）．
⑦ 調査地点地図（調査地点の住宅地図）．
⑧ 調査要領（調査上の注意点や調査全般の説明）
⑨ 訪問メモ（調査員が不在の際に訪問や調査打ち切りを知らせるもの）
⑩ 交通費等精算書（調査に要した交通費などの内訳）
⑪ 取得資格などの認定証（プライバシーマーク[*3]など）

このうち，①，②は必須であるが，その他は場合によって省略できる．

4) 調査実施の際の基本事項

個人面接法は，調査相手本人に会う，調査を依頼し承諾を得る，質問をして回答を得る，というプロセスで実施する．それぞれのプロセスが確実に行われるためには，調査員が，調査を問題なく正しく遂行するための基本事項を理解していなければならない．調査員説明会では，初めての調査員には必ず，経験のある調査員にも必要に応じて，以下の事項を説明する．

a) 調査相手本人に会う．
① 事前に調査相手宅を住宅地図などで確認する．
② 日や時間を変えて何回も訪問するなど効果的な訪問の仕方を工夫する[*4]．

b) 調査を依頼し，承諾を得る．
③ 調査相手への訪問に際しては，調査地域内において不審に思われるような行動をしない．服装や携行品などにも注意する．
④ 調査の協力依頼は第一印象が決め手となる．依頼のための説明は簡潔にし，

質問にも即座に答えられるよう練習しておく．
⑤ 本人であっても家族であっても，拒否に対しては誠意をもって協力の依頼をし，固辞されたときには深追いをせず，無理なお願いを詫び，丁重に辞去する．
⑥ 防犯上，調査は戸を開けたまま玄関先で行うことを基本とし，決して家内に上がり込まない．

c) 質問をして回答を得る．
⑦ 最初に回答リストの使い方などを手際よく説明し，余計なことを言わず早目に質問に入り，ゆっくりはっきりテンポよく質問を進める．
⑧ 質問文を忠実に読み上げ，理解されないと思われたときは説明を加えず，再度ゆっくり質問文を読み上げる．
⑨ 反応が遅い場合でも急がせることのないよう，また来客や電話など途中で調査を中断するようなことがあっても，対象者の都合を優先する．

*4 NHKでは，土日の2日間で調査を実施しているが，初日の土曜日は朝早くからまわり，日中会えない場合には夜間（都心部で9時頃まで）に訪問するように指導している．なお，夜間に訪問する場合には，昼間に必ず訪問して，事前に訪問する旨を知らせるメモを置き，夜間にいきなり訪問しないようにする．

5) 調査実施上の注意

調査実施時に問題が起きないように，調査実施上注意すべきことなどを説明する．とくに，調査相手一覧表や調査票は，個人情報であることを認識させ，厳重に管理するように，特に念を押して注意する．

① 調査地域に関する情報（地図，交通機関，トイレや休憩所など）は十分に下調べを行う．
② 調査書類は紛失しないよう，厳重に管理する．
③ 調査相手一覧表（図3.6参照）は個人情報なので，第三者の目にふれないようにする．
④ 決められた途中経過報告を必ず行う．
⑤ 不測の事態が発生した場合は，すぐに調査管理者に連絡する．

6) 調査員管理

調査管理者は，調査員の稼働状況を詳しく把握しておくべきである．とくに，担当調査の分量が過重になることがないよう十分に配慮すべきである．

また，調査相手にとっては，顔見知りの調査員のほうが安心できる反面，プライバシーに関する事柄については答えにくい場合もあろう．そこで，原則と

しては，調査員の近所が調査地点となった場合は，他の地域の調査員に受けもたせるようにしたほうがよい．

なお，プライバシーに関する項目で，とくに調査相手にとって答えにくいものとしては，「年収」「電話番号」「メールアドレス」「住所」「生年月日」「家族構成」「学歴」などがあげられている．また，調査に協力するうえで不快だと思われていることは，「調査結果がどう役立つのかわからない」「住所や名前が知られている」「質問が多い」「調査員が自宅に来る」などである（NHK「世論調査に関する調査」平成19年10月；関根，2007）．

6.3　調査終了後の点検

調査票の回収は往々にして，全国の調査員から本部に直接郵送されてくる．また，地方の拠点でいったん回収し点検のうえ，拠点から本部に回収することもある．回収の時間からいえば，本部直送のほうが速いが，再調査への対応を考えると拠点で回収したほうがよい．

面接調査が一通り終了した後の点検は，調査員ごとに有効・不能票を分けて行う．もし調査不能であれば，その不能の理由をただし，本当に面接が不可能であったかどうか，もう一度訪問時間を変えることで，なんとか有効にならないかを検討し，場合によっては，調査員に対し再び調査に行くように指示する．

有効調査票については，質問すべてに目を通し，記入もれ，記入ミスなどの不備がないかを点検する．必要があれば再調査を指示して，できるだけ正確な回答になるようにする．

調査員がおかしやすい記入上のミスは次のようなものである．

1）　一般質問部分
① 回答がない（質問漏れ）
② 回答を一つに限定する単一選択の質問で，回答が二つ以上ある
③ 該当質問（前の質問である特定の回答をした人だけに尋ねる）のミス
　（ⅰ）答えなくてよい人に尋ねている（回答している）
　（ⅱ）答えなければいけない人に尋ねていない（回答していない）
④ 具体的に記入する質問での記入不備
　（ⅰ）自由記入欄の記入の意味が不明，記入なし
　（ⅱ）その他の回答に具体的記入がない

2) 属性部分

⑤ 生年の不一致：抽出台帳から転記した生年と，調査での生年が一致していない．これは，調査相手の取り違えのおそれもあるので，よく原因を追求する．調査機関によっては，抽出台帳の生年をあらかじめ調査員には知らせずに，調査後に照合し，調査員の不正を発見する手がかりにしている所もある．

⑥ 職業を具体的に尋ねている場合に，記入が不十分である．

3) 調査実施記録部分

⑦ 有効・不能の分類の違い

⑧ 不能の理由が不適当，その記入が不足

⑨ 訪問時刻，訪問回数，面接開始・終了時刻などの記入不備

回答記入上のミスは，調査票の設計の不十分さによることが往々にしてある．以後同じ誤りをくり返さないように，毎回の記入ミスを分析する．

6.4 調査実施監査

調査が指示どおり行われているかどうかの確認を得るために，調査終了後一部の監査を行う（4.6.3項の1）参照）．

1) 監査の方法

監査の方法のひとつは，回収直後の電話による監査である．調査が指示どおり行われているかどうかを確認して，問題があれば再調査を行うなど，迅速な対応が求められる．もうひとつの方法は，調査相手に問い合わせのはがきを出す方法である．

はがきは往復はがきにし，調査への協力の感謝とともに，「調査がどのように実施されたかを伺い，今後の参考にしたい」旨を記して，次のようなことを尋ねる．

① この調査で，調査員に会ったか．
② 調査員に会ったのは誰か（本人か，家族か，…）．
③ 調査はどのように行われたか（質問の進め方，回答の記入者，…）．
④ 調査員の態度，印象．
⑤ 調査相手の意見．

はがきによる監査は，郵送法で行うという制約のため，調査相手全員からの回収は期待できないし，調査終了後，相当日が経っていると，必ずしも監査は

がきの回答が正しいともいいきれないので，多少割引いて結果を利用するほうがよい．たとえ，調査員に不利な返事がきても，一概にそれを信用するわけにはいかない．しかし，ある調査員について，受け持ちの調査相手のうち数人から，「指示とは違う方式で調査をしている」との返事がきたような場合には，その調査員に注意したほうがよい．

2）　調査員の不正・違反

調査員の不正・違反の種類には次のようなものがある．
① 調査方式が違う（面接法のときに，配付回収法や電話法で調査する，あるいは回答リストを使用しないなど）．
② 調査日が違う（期日前や期日後）．
③ 調査相手が違う（夫の代わりに妻，子どもの代わりに親）．
④ 調査をしないで勝手に記入する（不正作成）．

調査方式の取り違えは，各種の調査経験のある調査員がおかしやすい．働いたことのある他の調査機関でしばしば使用している方式が，他の方式であった場合などには，たいして罪の意識なしに，「調査の有効率を上げたほうがよい」とばかり考えて，配付回収法や電話法などを用いてしまっている．この点については，調査説明会で一言注意を喚起しておくと，そのような方式違反は減少する．指定とは違う人を調査する場合も，他で経験した世帯調査（世帯内のだれに答えてもらってもよい調査）と同一視するかもしれないから，個人対象の調査であることを，事前に十分説明するとよい．

不正・違反の中でも，調査をしないで勝手に回答を作成する場合は，最も悪質な不正である．有効票と不能票とで調査手当に格差をつけている"でき高払い"制の場合にみられがちである．何回も訪問して，そのあげく面接できなかった不能など，有効票よりもかえって時間がかかっている場合もあるから，有効・不能で調査手当に差をつけるのは調査の実態に合わず，また不正を誘発するおそれもあり，よい方法とはいえない．

この種の調査員の不正・違反行為は，調査の指導・管理の態勢で相当数減少できよう．

6.5　調査の環境

どんな精密な企画を立てて，いくら立派な調査票を作っても，調査相手の協力なくしては調査は成り立たない．いろいろな調査が実施されている現在，国

民の間にはたして調査を受け入れる環境はあるのだろうか．

1) 全国世論調査の現況（世論調査年鑑）

内閣府の「世論調査年鑑―全国世論調査の現況　平成19年版」によると，2006年度に行われた個人面接法の平均回収率は64.4%となっている（表1.3参照）．内閣府が実施する世論調査の回収率を見ても，ここ20年ほどの間におおむね15～20%程度低下している．回収率を下げているおもな原因は「拒否」の増加であるが，平成17（2005）年に「個人情報保護法」[*2]が施行されてからこの傾向が一段と強まった感がある．

2) 世論調査に関する調査

紹介したNHKの「世論調査に関する調査」（平成19年10月実施，全国回答者2163人=100%）によると，いままでに世論調査に協力したことがあるという人は38%にものぼる（関根，2007）．

「世論調査の結果は，社会の中で役に立っていると思うか」という問に，「役に立っている」（15%）「どちらかといえば役に立っている」（54%）と約7割の人が役に立っていると答えている．さらに，「世論調査の結果は信頼できると思うか」という問に対しては，「信頼できる」（15%）と「どちらかといえば信頼できる」（61%）を合わせた4分の3の人が信頼できると答えている．

このように，世論調査の有用性も信頼性も広く認められていながら，必ずしも調査に対する協力度は望ましいものではない．

また，調査相手にとって，世論調査に協力するうえではどのようなことが必要だと思われているかについては，「調査をする団体が信頼できること」「趣旨や目的が詳しく説明されること」「個人的な情報が外部に漏れないこと」「自分の生活や社会にとって役立つものであること」「結果が公表されること」などがあげられる．調査を実施する側は，常に調査相手の気持ちを大切にして調査にのぞまなくてはならない．

3) 調査の倫理規程

抽出台帳の利用制限・調査拒否の増加・悪質な調査の横行など，調査をめぐる環境が悪化し，真面目，科学的で良質な調査がだんだんとやりにくくなってきた．そこで，一般社団法人社会調査協会では，「社会調査の発展と質的向上，創造的な調査・研究の一層の進展のため」に，倫理規定は「社会的に要請され，必要とされている」として，次の9条を定めている（2009年制定，詳細は同協会HPを参照のこと）．

一般社団法人社会調査協会倫理規程

第1条　社会調査は，常に科学的な手続きにのっとり，客観的に実施されなければならない．会員は，絶えず調査技術や作業の水準の向上に努めなければならない．

第2条　社会調査は，実施する国々の国内法規及び国際的諸法規を遵守して実施されなければならない．会員は，故意，不注意にかかわらず社会調査に対する社会の信頼を損なうようないかなる行為もしてはならない．

第3条　調査対象者の協力は，自由意志によるものでなければならない．会員は，調査対象者に協力を求める際，この点について誤解を招くようなことがあってはならない．

第4条　会員は，調査対象者から求められた場合，調査データの提供先と使用目的を知らせなければならない．会員は，当初の調査目的の趣旨に合致した2次分析や社会調査のアーカイブ・データとして利用される場合および教育研究機関で教育的な目的で利用される場合を除いて，調査データが当該社会調査以外の目的には使用されないことを保証しなければならない．

第5条　会員は，調査対象者のプライバシーの保護を最大限尊重し，調査対象者との信頼関係の構築・維持に努めなければならない．社会調査に協力したことによって調査対象者が不利益を被ることがないよう，適切な予防策を講じなければならない．

第6条　会員は，調査対象者をその性別・年齢・出自・人種・エスニシティ・障害の有無などによって差別的に取り扱ってはならない．調査票や報告書などに差別的な表現が含まれないよう注意しなければならない．会員は，調査の過程において，調査対象者および調査員を不快にするような性的な言動や行動がなされないよう十分配慮しなければならない．

第7条　調査対象者が年少者である場合には，会員は特にその人権について配慮しなければならない．調査対象者が満15歳以下である場合には，まず保護者もしくは学校長などの責任ある成人の承諾を得なければならない．

第8条　会員は，記録機材を用いる場合には，原則として調査対象者に調査の前または後に，調査の目的および記録機材を使用することを知らせなければならない．調査対象者から要請があった場合には，当該部分の記録を破棄または削除しなければならない．

第9条　会員は，調査記録を安全に管理しなければならない．とくに調査票原票・標本リスト・記録媒体は厳重に管理しなければならない．

なお，この種の倫理規程として他にも，日本世論調査協会の倫理綱領（1982年制定）がある．また市場・統計調査の業界組織でも全世界共通に制定されており，日本にはそれに準じた日本マーケティング・リサーチ綱領（1986年制定，2010年改訂）がある．

7. 調査不能とサンプル精度

　調査有効・不能率は，調査精度を示す指標のひとつとして，重要視されている．有効率が高ければ高いほど，有効サンプルは当初台帳から抽出する指定サンプルに近くなるため，母集団の代表としてより優れる．逆に，調査有効率が低く不能率のほうが高くなるほど，母集団からの代表性に欠ける可能性が高い．

　調査有効・不能率に関連して，とくに注意しなければならないのは，調査不能によって生じるサンプルの代表性の欠如である．不能の発生が，ある特定の層に集中すると，結果に歪みが生ずる．有効率が低くても，不能がランダムに生じているのなら，調査有効数の多少によるサンプリング誤差が大きいか小さいかのみの問題しかない．有効サンプルが足りないのなら，当初の指定サンプル数を増やしておけばよい．しかし，このようなケースはきわめてまれである．指定サンプル数を多くとっても偏りはそのまま残る．したがって，できるだけ調査不能を少なくし，かつすべての層に平均して有効票が得られるように努力する以外に方法はない．

　調査不能率は，1970年代から徐々に増加していたが1990年代後半から加速的に増加した．2000年頃までの増加は，主婦の就労が進むなど，人びとの生活の範囲の広がりなどによる不在が増加したためであったが，その後の増加は，プライバシーやセキュリティに関する意識が高まり，調査拒否が増えたためである．社会が情報化された結果，知らぬ間に個人情報が他人に漏れて悪用されるような事件が起こるようになった．そのため，知らない人や組織に対する警戒心が強まり，自分の情報が他者に知られることや見知らぬ人が自分の領域に入ってくることを避けるような風潮がでてきた．

　2005年には，個人情報保護法の施行，振り込め詐欺の問題化，国勢調査員の偽調査員事件などが起こり，とくにその傾向が強い．個人情報保護法施行直後の2005年10月に実施された国勢調査では，調査票が提出されなかった世帯が4.4％もあった（2000年は1.7％）．

調査有効・不能率は，個人面接法，配付回収法，郵送法，電話法，どの調査方式を用いるかによって異なる（4.6節参照）．異なる理由には，方式の違いもあれば計算方法の違いもあるので，公表されているものを鵜呑みにするのは危険である．また，同じ方式でも，個人面接法では，調査する地域の範囲や，抽出台帳，抽出時期，調査期間，訪問時間帯，調査員への謝礼，郵送法であれば，協力依頼状の有無や督促の回数やタイミングなど，調査計画によって有効率の変動がある．また，調査相手の年齢や性別，居住地域などの属性によっても有効率は大きく違う．したがって，有効率の高低のみを問題とするのではなく，有効率の背後にあるこれらの要因と関連させて，有効サンプルの歪みや偏りをみておく．さらに，有効率は調査精度の一部しか表していないので，有効率のみで調査の優劣を判断してはならない．調査方式が調査の目的にあっているか，質問文・選択肢は妥当かなどを検討し，他の誤差とあわせて総合的に調査精度を判断すべきである（7.7節参照）．

以下，いくつかの調査を例にして，現在，どのくらいの有効率が期待できるのか，調査不能になる理由はどんなものか，どんな状況で調査不能になるのか，調査不能の精度への影響はどの程度か，また，調査不能の対策はあるか，などについて述べることにする．

7.1　調査不能率の変遷

1）　調査不能率の変遷

個人面接法と配付回収法の調査不能率の変化をみてみよう．1973年から5年おきに個人面接法で実施している「日本人の意識」調査と，同じ年の配付回収法で実施している「視聴率調査」をみると，図7.1のとおりである．1973年を除くと，「日本人の意識」（個人面接法）の調査不能率のほうが「視聴率調査」（配付回収法）より約10％の差で常に高い．

視聴率は，1970年代から1990年代まではほとんど増えていないが，1998年から2003年，2003年から2008年の増え方が大きく，2008年には3割をこえた．

「日本人の意識」（個人面接法）の調査不能率は，1978年から増え続けているが，1998年から2003年，2003年から2008年の増え方が大きく，2008年には4割をこえている．

2）　2000年以降の増加

1990年代の後半から調査不能率は激増した．内閣府が『世論調査年鑑』に掲

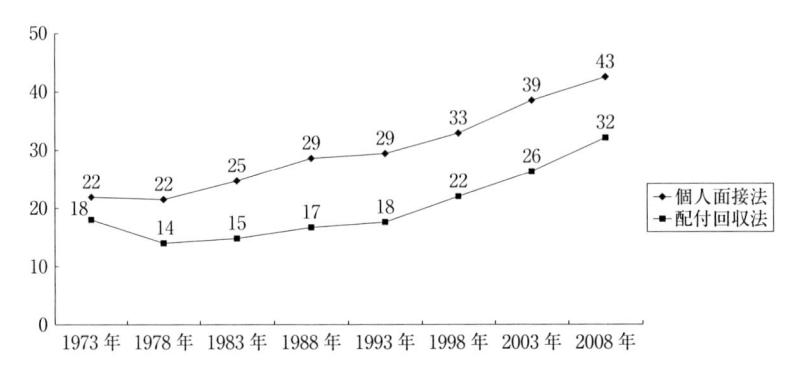

図 7.1 調査不能率の変遷（1973～2008 年）

個人面接法：「日本人の意識調査」全国 16 歳以上の国民 5,400 人

配付回収法：「全国 6 月視聴率調査」全国 7 歳以上の国民 3,600 人，各年 6 月実施
　※視聴率調査の不能率の定義は，「7 曜日すべての調査票が欠けていること」である．1973 年，1978 年は同定義の算出数字はなく，曜日別の中の最低不能率で代用しているため定義が異なる．

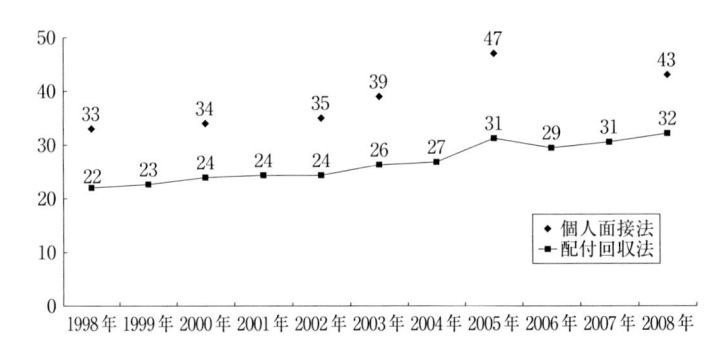

図 7.2 調査不能率の変遷（1998～2008 年）

個人面接法：1998 年，2003 年，2008 年「日本人の意識調査」全国 16 歳以上の国民 5,400 人

2000 年，2005 年「日本人とテレビ」，全国 16 歳以上の国民，2000 年は 5,400 人，2005 年は 3,600 人

2002 年「日本人と憲法」全国 16 歳以上の国民 3,600 人

配付回収法：「全国 6 月視聴率調査」全国 7 歳以上の国民 3,600 人各年 6 月実施（2000 年，2008 年は 7 月実施）

載している調査を照会する際の回収率の基準は，平成 11 年版（1998 年 4 月～1999 年 3 月調査分）までは長い間 "70％以上" であったが，それ以降，平成 12 ～16 年版では "60％以上"，平成 17 年版では "55％以上"，平成 18・19 年版（平成 18 年 4 月～平成 19 年 3 月調査分）では "50％以上" と基準を順次下げて

いる．

1998年以降のNHK調査の調査不能率は，図7.2のとおりである．個人面接法で実施された意識調査をみていくと，2003年（「日本人の意識」）から2005年（「日本人とテレビ」）の間の増加が大きい．"配付回収法"の視聴率調査では，2004～2005年の間の増加が大きい．2005年に個人情報保護法が施行されたことなどの影響が強かったと考えられる．

7.2 調査不能の発生状況
1) 調査方式による有効率の違い

調査方式によって有効率は相当に違う．内閣府の『世論調査年鑑』によれば，平成18（2006）年度の平均回収率（有効率）は，個別面接聴取法（個人面接法）64％，郵送法46％，個別記入法（配付回収法）61％，電話法61％であった（表7.1）．面接法は50～70％に集中しているが，郵送法は，50％以下が688件中454もあり，一方で，80％以上の調査もある．配付回収法は幅広く均一に分布している．

表7.1 調査方式別回収率の分布（2006年度）（単位は調査件数）

	平均回収率	50％未満	50～60％未満	60～70％未満	70～80％未満	80％以上	計
個別面接聴取法	63.9	1	26	35	9	3	74
郵送法	46.2	454	168	40	11	15	688
個別記入法	60.7	15	8	13	8	9	53
電話法	60.4	0	29	21	1	2	53

これは，単純に方式の違いによる回収率の違いとはいえない．実施機関をみると，個人面接法の調査は，政府機関とマスコミ機関の調査がほとんどを占めているため，具体的な実施方式などを含めて，一定の質が確保されていたと考えられる．一方で郵送法や配付回収法は，県や市，同選管や教育委員会など，多くの機関の調査が含まれる．実施する主体や調査機関によって調査の質が異なり，回収率にもばらつきが出たと思われる．

"電話法"のほとんどはマスコミ機関の調査であるが，RDD法による抽出で実施している場合が多い．RDD法の場合の回収率は，算出分母を電話が通じて調査相手が判明した世帯にするなど，他の調査方式と算出方式が異なる．実質

有効率は公表されている回収率よりもかなり低いと考えたほうがよい．

NHKが2008年6月に実施した「日本人の意識」（個人面接法）の有効率の58%に比べると，同時期に同じ質問文で実験調査として実施された配付回収法の調査の有効率の71%，"郵送法"は69%とかなり高い．

なお，同時期の2008年6月に配付回収法で実施された，全国個人視聴率の有効率は67%で，上記の意識調査の配付回収法より有効率は若干低い．「視聴率調査」は月曜日から日曜日までの視聴を記録しなくてはならず，記入の負担が重めであるためと考えられる．

2) 男女別による調査有効率の違い

調査有効率は，調査方式によって，男女の差がある場合とない場合とがある．2008年の「日本人の意識」調査と実験調査の配付回収法と郵送法の男女別有効率をみると，表7.2のとおりである．個人面接法では7%の差，郵送法では9%の差があったが，配付回収法では3%の差しかない．配付回収法については，同時期の全国個人視聴率調査では5%の差で，やはり，個人面接法や郵送法よりも差は小さい．

表7.2　男女別の有効率（%）

調査方式	全体	男	女	男女差
個人面接法	58	54	61	7
配付回収法	71	69	72	3
郵送法	69	64	73	9
視聴率調査	67	64	69	5

個人面接法：「2008年日本人の意識調査」　全国16歳以上の国民5,400人
配付回収法・郵送法：2008年に上記の個人面接法と同時期に実施した比較
　実験調査．全国16歳以上の国民各1,800人
視聴率調査：2008年6月全国視聴率調査(配付回収法)　全国7歳以上の国民

3) 年層による調査有効率の違い

さらに男女を年層別に分けてみると，表7.3のようになる．個人面接法ではあきらかに，男女ともに16〜29歳の若年層で有効率が低く，60歳以上の高年層で高い．配付回収法や郵送法では16〜29歳でも有効率は5割をこえる．

配付回収法や郵送法などの自記式では，不在がちの人でも，時間のあるときに記入できるというメリットがあるためと考えられる．

7.2 調査不能の発生状況 109

表 7.3 男女年層別の有効率（％）

調査方式	男			女			差
	16～29歳	30～59歳	60歳以上	16～29歳	30～59歳	60歳以上	(最大-最小)
個人面接法	44	51	67	44	62	66	23
配付回収法	66	66	74	52	79	73	27
郵送法	56	61	74	69	71	75	19

個人面接法：「2008 年日本人の意識調査」 全国 16 歳以上の国民 5,400 人
配付回収法・郵送法：2008 年に上記の個人面接法と同時期に実施した，比較実験調査
　　全国 16 歳以上の国民各 1,800 人
視聴率調査：2008 年 6 月全国視聴率調査（配付回収法）全国 7 歳以上の国民

4) 地域別の調査有効率の違い

都市規模など，都市化の状況によっても調査有効率は異なる．ところで，先に述べたように，(3.4 節の 3) 参照)，調査結果をみるための調査地点数は，最低でも結果をみる地域別に 30 地点が必要である．これは，有効率についても同様である．実験調査の配付回収法や郵送法は，全部で 100 地点しかないため，地域別の結果を比較することはできない．そこで，ここでは，2005 年の NHK と朝日新聞の調査で都市規模別有効率をみることにする．

NHK の調査の有効率は表 7.4 のとおりであるが，個人面接法では，「東京圏」「大阪圏」の調査有効率がそれぞれ 47％，46％と低く，「30 万以上の市」では 52％，「10 万以上の市」では 56％，「10 万以下の市」と「町村」では 60％と，都市の規模が小さくなるにつれ高くなっている．"配付回収法"でも同様の傾向がみられるが，「東京圏」では 65％，「大阪圏」では 61％とそれぞれ 6 割以上あり，「10 万未満の市」では 74％，「町村」では 72％で，個人面接法よりも，まんべんなく高い．

表 7.4 都市規模別有効率（％）（NHK，2005 年調査）

	全体	東京圏	大阪圏	30万以上の市	10万以上の市	10万未満の市	町村
個人面接法	53	47	46	52	56	60	60
配付回収法	68	65	61	66	69	74	72

個人面接法：「2005 年日本人とテレビ調査」 全国 16 歳以上の国民 3,600 人
配付回収法：2005 年 6 月全国視聴率調査（配付回収法） 全国 7 歳以上の国民．全国 16 歳以上の国民各 1,800 人

朝日新聞の調査で，個人面接法と郵送法の有効率をみると，表 7.5 のとおり

表 7.5 都市規模別有効率（％）（朝日新聞，2005 年調査）（松田，2008）

	全体	政令指定都市と東京 23 区	有権者 10 万以上の市	その他の市	町村
面接法	59	51	57	63	68
郵送法	71	67	70	73	74

面接法：朝日新聞，定期国民意識調査　2005 年 12 月 3 日（土）〜4 日（日），全国の有権者から層化無作為 2 段抽出法で抽出

郵送法：朝日新聞「お金意識調査」2005 年 12 月〜2006 年 1 月　全国の有権者から層化無作為 2 段抽出法で抽出

であるが，個人面接法の有効率では，「政令指定都市と東京 23 区」では 51％，「町村」では 68％というように，都市の規模が小さくなるにつれ高く，差が大きい．郵送法では，「政令指定都市と東京 23 区」では 67％，「町村」では 74％と個人面接法よりもばらつきは小さい．

このように，個人面接法と比べ，郵送法は大都市部の有効率が高くなるため，地域別のばらつきは小さい．

7.3　調査不能の理由
1）　調査不能理由の分類

調査不能票は，なぜ，どのような状況で，発生するのだろうか．

ここでは，"個人面接法"の場合について，調査員が調査相手の家を探し，調査相手に面接し，回答をとるまでの過程にそって，調査不能の発生状況を調べる．

① 番地がわかったか．
② 家・アパートがあったか．
③ そこに調査相手が住んでいるか．
④ 調査相手本人に会えたか．
⑤ 調査に協力してもらえたか．

の各段階すべてにパスして初めて有効になり，不能はこの各段階ごとに，さまざまな理由で発生する．NHK の調査で使用している"調査不能の分類基準"は，表 7.6 のとおりである．

調査員は，まず調査相手一覧表（図 3.6 参照）の指示に従って，住所に該当する家・アパートを探す．以前は，見つからないときには，名簿の住所・氏名などを，交番，郵便局，役所，商店，近所などで確認できたが，最近では個人

表7.6 調査不能の分類基準

不能理由	分類コード	略称
・一覧表の住所や該当する家・アパートなどが，どうしても見つからなかった．	1	場所不明
・世帯全員が引っ越してしまっていた． ・家族はそこに住んでいるが，本人は引っ越している．	2	転居
住民票はそこにある｛調査期間中まったく在宅しない｝・本人がその家・アパートなどに住んでいた形跡がない． ・今後の見込みを含め，1年以上よそで暮らしている．	3	1年以上不在
・今後の見込みを含め，10日以上1年未満の不在である．	4	10日以上不在
・調査期間を含め，10日未満の不在である．	5	10日未満不在
｛または調査期間中に一度は在宅した｝・早朝・深夜しか在宅しない．	6	深夜帰宅
・何度訪問しても，本人は外出中で会えなかった．	7	外出
・病気などで回答できない状況だった．	8	自宅療養
・本人に会えたが，どうしても調査に応じてもらえなかった． ・本人に会えなかったが，拒否の意志がはっきり示された．	9	拒否
または住民票のことは不明｛調査期間中に在宅したかどうか不明｝・相手宅に冠婚葬祭などがあり，調査を差し控えねばならなかった． ・自然災害などの不可抗力で調査できなかった．	A	その他
・すでに死亡していた	B	死亡

　情報保護意識が高まり，教えてもらいにくくなっている．事前に必ず住宅地図などで確認しておくようにする．

　住所・氏名の記入ミスがわかった場合には，訂正して，その人を探す．もし，転居していて，転居先の住所が判明し，かつ調査に行ける地域ならば，そこに出向く．転居先の住所が判明しない場合や，遠方への転居の場合には，「転居」とする．しかし，家がどうしても見つからなかったときには，やむをえず「場所不明」とする．家が判明したあと，調査相手本人との面接を試みる．調査期間中全く在宅しないことがはっきりしたら，その不在の期間の長さに応じて，「1年以上不在」「10日以上不在」「10日未満の不在」に分ける．

　調査期間中，一度は在宅した様子があったが，どうしても面接できなかったとき，または在宅したかどうかもはっきりしなかった場合には，家族に聞けるときは在宅状況を聞き，一人暮らしや家族にも会えない場合には，調査時間帯に在宅したかどうかの様子で，「深夜帰宅」と「外出」に分ける．また，本人や家族に会えても，調査に協力できないという場合には，その話から「自宅療養」

「拒否」「その他」に分ける．なお，「自宅療養」や「拒否」には，事前の協力依頼状をみて，本人や家族から断りの電話などが入ったものも含まれる．そのときの状況で，可能性があるような場合には，調査員が訪問して再度説得するが，トラブルに発展しそうな場合は，訪問しないように指示することも多い．

このほか，閲覧台帳の更新の頻度が少なかったり，抽出してから調査までの期間が長かったりすると，「死亡」や「転居」が増えることになる．

配付回収法の場合には，方式独自の不能理由がある．それは，調査票の配付や回収ができない「留置き不可能」や「受け取り不可能」，調査相手による調査票の「紛失・汚損」である．最近では，都市を中心にオートロック式のマンションに住む人が増え，建物の中に入れないために，「留置き不可能」や「受け取り不可能」になることも多い．また，調査相手以外の人が回答する「対象ちがい」，回答の「失念」「回答不備」などの不能もある．

郵送法の不能は，ほとんどが「未返送」で，詳しい理由の把握ができない．かろうじて，分類可能なのは，郵送したはがきや調査票が届かないで戻ってくる「転居・場所不明」，調査相手が電話などで連絡してくる「拒否」や，健康上の理由によるもの，返送されてきた調査票の「回答不備」，家族などによる「代理記入」などである．

2) 調査不能の理由別の内訳

表7.7は，個人面接法の調査不能の理由別の内訳である．「拒否」による不能が14.5％と最も多く，次に，「短期不在」（「10日未満不在」「深夜帰宅」「外出」の合計）が12.8％で次に多くなる．その他では「転居」4.4％，「長期不在」（「1年以上不在」と「10日以上不在」の合計）が4.0％，「自宅療養」が2.5％の順に高い．

配付回収法については表7.8のようになり，「拒否」が不能理由の3分の1を占める．「拒否」は10.3％で，個人面接法ほどではないがかなり多い．その他の不能理由は，「10日未満不在」に，不在が理由と考えられる「留置き不可能」と「受け取り不可能」をあわせると6.9％，「転居」が3.6％，「長期不在」が2.4％の順である．

郵送法は，「未返送」が25.3％と不能のほとんどを占める（表7.9）．次に高いのは代理記入の4.3％である．「拒否」は0.3％と低い．調査相手があえて「拒否」を表明した場合のみの数字で，実際には「未返送」の中に，かなりの「拒否」が含まれていると考えられる．

7.3 調査不能の理由

表 7.7 調査不能の理由（個人面接法）（%）

不能理由	
全体（人）	5,400
場所不明	1.6
転居	4.4
1年以上不在	1.7 ⎫ 長期不在
10日以上不在	2.3 ⎭ (4.0)
10日未満不在	3.7 ⎫
深夜帰宅	4.1 ⎬ 短期不在
外出	5.0 ⎭ (12.8)
自宅療養	2.5
拒否	14.5 — 拒否 (14.5)
その他、死亡	2.7
不能理由合計	42.5

2008年6月「日本人の意識」調査

表 7.8 調査不能の理由（配付回収法）（%）

不能理由	
全体（人）	1,200
場所不明	1.7
転居	3.6
1年以上不在	1.3 ⎫ "長期不在"
10日以上不在	1.1 ⎭ (2.4)
10日未満不在	2.5 ⎫
留置き不可能	2.0 ⎬ ＊"10日未満不在, 留置き・受け取り不可能"(6.9)
自宅療養	1.4
拒否	10.3
その他	2.3
死亡	0.5
受け取り不可能	2.4 ⎭
紛失汚損, 対象違い, 失念, 回答不備	0.4
不能理由合計	29.4

2008年6月『日本人の意識による比較実験調査』

表 7.9 調査不能の理由（郵送法）

	%
全体（人）	1,200
転居・場所不明	1.0
未返送	25.3
代理記入	4.3
回答不備	0.5
拒否	0.3
その他	0.3
不能理由合計	31.5

2008年6月『日本人の意識による比較実験調査』

3) 調査不能の理由内訳の変遷

　調査不能理由は，個人面接法では「拒否」と「短期不在」，配付回収法では「拒否」がその多くを占めている．そこで，1995年以降の「拒否」と「短期不在」の変遷をみていく（図7.3）．

"個人面接法"の調査不能理由をみると，1995年では「拒否」が7％，「短期不在」が11％で，この段階では「短期不在」の不能理由に占める割合が最も高かったことがわかる．その後，「短期不在」は，それほど増加していないが，「拒否」については，2000年以降の急激に増え，2005年以降逆転している．

2つの方式の「拒否」を比べてみると，個人面接法のほうが若干多いが，その差はそれほど大きくない．どちらの方式でも1995年から2004年までは徐々に増加している．個人面接法では，2003年から2005年の増加が大きく，"配付回収法"では，2004年から2005年の増加が大きい．2005年5月に施行された個人情報保護法や，それに関連した報道や，NHKの場合は2004年秋の不祥事などで，組織としての信頼の低下などの影響もある．

2006年と2007年の配付回収法，2008年の個人面接法の「拒否」は2005年よりは少ない．個人情報保護法施行から時間が経つにつれて，過剰な反応が収まったことや，2006年度に協力依頼状など調査材料の改善を図った効果などが考えられる．

個人面接法では，「短期不在」もかなりの率を占めている．"短期不在"は，訪問回数や時間，調査日程の設定などである程度は減らせると考えられる．

なお，最近，都市部で"オートロック式マンション"が増加しているが，在宅していてもインターフォンで応答されない場合には，「拒否」と判断できない

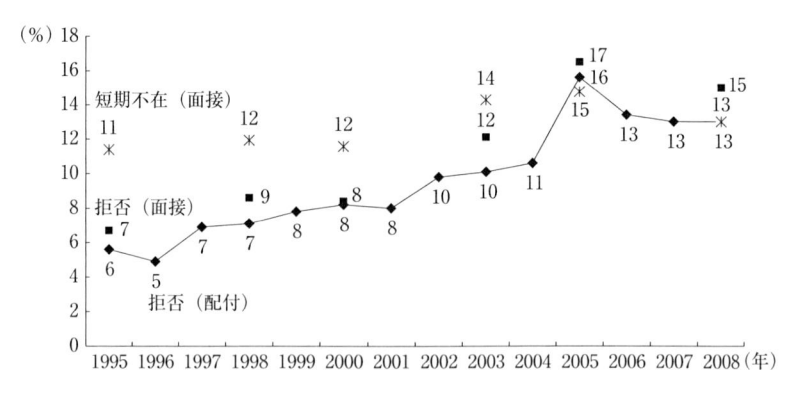

図7.3 不能理由の変遷

配付：6月全国個人視聴率調査　全国7歳以上の国民，1,800人
面接：日本人の意識　1998年（10月），2003年（6月），2008年（6月）
　　　全国16歳以上の国民，5,400人
　　　日本人とテレビ：1995年，2000年，2005年（各3月），全国16歳以上の国民，1995年と2005年は3600人，2000年は5400人

ため，「外出」に分類せざるをえない．建物内に郵便受けがあるため，"配付回収法"では，「留置き不可能」や「受け取り不可能」になる可能性が高い．その点，"郵送法"では，確実に調査相手に調査票を届けることができる．

4) 属性別の調査不能理由の違い

調査不能理由は，調査相手の属性によってどのように異なるのだろうか．個人面接法で実施した「日本人の意識調査」（2008年）の属性別の調査不能理由内訳をみてみよう．男女別にみると，男性のほうが「短期不在」「転居・場所不明」が多いほかは差がない．年層別にみると，「短期不在」「転居・場所不明」は若い人のほうで多く，「自宅療養」は高年層で多い傾向がみられる．また，「拒否」は総じてどの年層でも多いものの，70歳以上では少なく，その代わりに「自宅療養」が多い．

総じて，20代は男女とも「転居・場所不明」「長期不在」「短期不在」が多く，20代の不能は，特定の理由によるものではなく，多くの理由の積み重ねであることがわかる．30代も20代ほどではないが似たような傾向がみられる．

"都市規模"については，「拒否」と「短期不在」はともに，大都市部で多く，「5万以上の市町村」「5万未満の市町村」などで少ない．

7.4　調査不能の対策

調査不能は少ないほど調査の精度はよいと考えられる．では，調査不能を減少させるには，どうしたらよいか．調査員をやみくもに叱咤激励するのは好ましいことではない．有効率を高めるために，調査員は"夜打ち朝がけ"で相手の迷惑も考えずに調査に出かけたり，あるいは，指定された調査方法とは違う方法を併用したり，指定された人以外の人を調査したりなど違反をするおそれがあるからである．

調査不能の対策は，調査不能になった原因に応じて立てるのがよい．調査不能の原因としては・大きく次の三つをあげることができよう．それぞれに対応する個人面接法の調査不能理由を（　）内に示した（調査不能の理由＊印は2つにまたがるもの）．

① 抽出台帳の名簿に原因があるもの（場所不明＊・転居・死亡）
② 調査員の努力にかかわるもの（場所不明＊・深夜帰宅＊・外出＊・拒否＊）
③ 調査相手の事情によるもの（不在・外出＊・深夜帰宅＊・自宅療養）

どの理由も，このいくつかの原因がからみあって発生しているのが実情である（とくに＊印）．たとえば，"外出"は調査員の努力しだいで，有効に転ずる可能性をもっているので，調査相手の事情とばかりいいきれない．なかなか調査できない人については，訪問する時間・場所を相手の都合に合わせたりすることによって，調査不能を有効にする可能性がある．要は，調査員の計画の立て方や努力いかんで，調査不能が有効になる．

以下，"個人面接法"において，調査不能の発生原因別に対策を考えよう．

1) 抽出台帳（名簿）に原因する調査不能

調査相手の名簿に原因するものには，

① 抽出台帳（住民票・有権者名簿などから閲覧用に調整されたもの）自体の更新頻度や不備
② 調査相手名簿作成の際の転記ミス
③ 抽出時期と調査実施時期の間隔

などである．たとえば，"場所不明"は①と②，「転居」と「死亡」は①と③，とくに③によることが多い．

これらの対策としては，

① "抽出台帳"については，更新時期を把握し，調査時期前のなるべく新しい台帳から抽出するようにする．
② "転記ミス"については，抽出員の選び方，作業マニュアルの完備，指導，監査など，抽出時の作業管理の徹底である．さらに，再抽出が困難であるため，抽出現場での逐次点検の徹底を図る．
③ "抽出時期"については，抽出時期を調査実施時期へ可能な限り近づけることが最大の対策である．調査の直前抽出が理想的である．また，閲覧用の台帳の更新状況などを考慮する．また，「転居」の多い3，4月の時期やその直後に調査や抽出を行わないように，調査計画をたてたほうがよい．

2) 調査員の努力・工夫にかかわる調査不能

調査員の努力にかかわる調査不能としては，「場所不明」「外出」「深夜帰宅」と「拒否」がある．

「場所不明」を防ぐためには，現在では表札を出さない家なども多いため，必ず，事前に住宅地図などで調べて確認しておく．このときに転記ミスが見つかることもある．

「外出」「深夜帰宅」などに対しては，決められた調査期間できめ細かな訪問

計画が必要である．初日の午前中に，できるだけ多くの調査相手を訪問して調査相手の状況を確認することが重要である．また，男女とも若年層は帰宅が遅いため，夜間も常識的な範囲内で訪問する必要がある．

2005年頃から，「拒否」は調査員の問題というよりも調査相手の事情による場合が多くなってきており，調査員のやる気をそぐようなことも多い．調査員の意欲を高め，調査相手の説得につなげるようにしなくてはならない．そのためには，調査員説明会などで調査員に調査の内容や意義を十分に理解してもらう．また，調査の依頼がしやすいように，謝礼の品物や金額を十分検討する．

なお，調査期間中に調査員に報告を求め，回収状況の把握を行い，不在や拒否などの調査相手への再訪問などを指導することも重要である．

調査有効率をあまりに強調しすぎると，"有効票"を増やせばよいとばかりに，調査相手をすりかえたり，調査方式をとりかえたりして，調査票の不正作成をする調査員が出てくるおそれがある．そこで，調査員の信頼度を判断するため，"有効"と報告された調査相手に対して，後ではがきや電話により実施状況を問い合わせ，調査の不正・違反の有無を確かめる"調査実施の監査"も重要である（6.4節参照）．

3) 調査相手の事情による調査不能

人びとの生活が多忙になり，行動範囲も広く，日中の在宅率が低下している．また，プライバシー意識やセキュリティ意識の高まりから，見知らぬ人の訪問を忌避する風潮もある．そのため，調査相手の事情による調査不能が種々の理由で発生している．これをできるだけ少なくするためには，

① 調査相手に合わせた適切な訪問計画を立てる．
② 面接の場所を相手の都合に合わせる（外出先や勤め先なども）．
③ 調査への協力の依頼方法を工夫する

など，調査員の努力が必要である．しかし，今日の生活実態を考えると，根本的には，調査員の努力に頼るだけでは不十分であり，調査日程，曜日，補完調査などの調査計画の立て方そのものを検討しなければならない状況もある．

たとえばNHKでは，土曜日と日曜日の2日間調査に，月曜日の補完日を設けるようになった．2008年の「日本人の意識」調査では，補完日の月曜日に450人中186人の調査員が407人の調査相手を訪問したところ，131人に調査できたため，有効率は2.4％上がった．

「拒否」については，調査や個人情報保護について不安を感じている調査相手

も多いので，調査の目的や有用性の理解を深めること，個人情報が十分保護されることが理解されること，調査の主体や実施を行う組織への信頼性を高めることが重要である．

NHK では 2006 年度に協力依頼状の改善を行った（小野寺，2007a）．官製はがきから圧着はがきに変更して増えた紙面に，個人情報保護についての取り組み，調査の方式や調査相手からの問い合わせの多い内容の説明を掲載した．調査不能は減少したが，そのほかにも要因が考えられるため，どのくらいの効果があったかはわからないが，「本当に NHK の調査か」などといった調査相手からの問い合わせが激減し，調査に対する不信感を減らす効果がみられた．

7.5 調査不能のサンプル構成への影響

調査不能が有効サンプル構成にどのような影響を与えるかを，不能票を徹底的に追跡・再調査した結果から，属性別に調べてみよう（杉山・塙，1973）．

"追跡・再調査"とは，第 1 回目の調査（1973 年 2 月，"日本人の日本観"）で調査不能になった人を対象に約 1 か月後に追跡調査・再調査（第二次調査）を実施したものである（表 7.10）．「転居」「長期不在」など住所を移した人には現住所での追跡調査，「不在」「旅行」などで一時的不在の人には時を改めて再調査した．

第一次調査での有効率は 74.4％，第二次調査での有効率は 11.6％であり，最終有効率は 86.0％に達した．

1) 第一次調査不能と最終調査不能

第二次調査で，どんな人が有効（NR）となり，どんな層の人が調査不能のまま残され，その結果，最終調査不能率（N−NR）がどうなったかを属性別にみる．

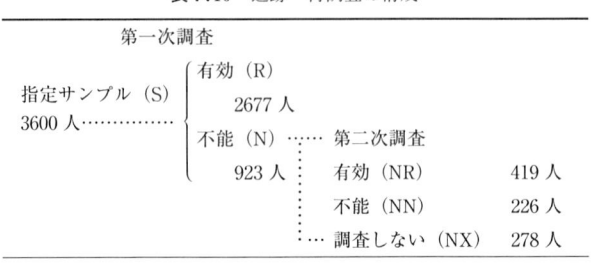

表 7.10 追跡・再調査の構成

```
                  第一次調査
                     ┌ 有効（R）
   指定サンプル（S) │    2677 人
   3600 人 ……………│
                     │ 不能（N）  ……  第二次調査
                     │    923 人       有効（NR）    419 人
                     │                 不能（NN）    226 人
                     └………            調査しない（NX） 278 人
```

7.5 調査不能のサンプル構成への影響

まず，表7.11の男女別でみると，男性は第一次調査不能率29.7%のほぼ半数近くの14.3%が第二次調査で有効で，最終調査不能は15.4%となっている．一方，女性は，第一次調査不能率21.9%のところ，9.2%を第二次調査で有効とし，最終調査不能率は12.7%である．この第二次調査によって，男女間の調査不能率の差は縮まった．

次に，年齢別（図7.4）によると，若い世代での第一次調査不能者のうち半数近くが，第二次調査で有効に転じているのが読みとれる．とくに第一次調査調査不能率が高かった男子20〜34歳と，女子20〜24歳での第二次調査有効率

表7.11 第一次調査不能と最終調査不能の比較（男女別）

	男	女
指定サンプル（S）（人）	1,730	1,870
第一次調査不能率（N）（%）	29.7	21.9
第二次調査有効率（NR）（%）	14.3	9.2
最終調査不能率（N-NR）（%）	15.4	12.7

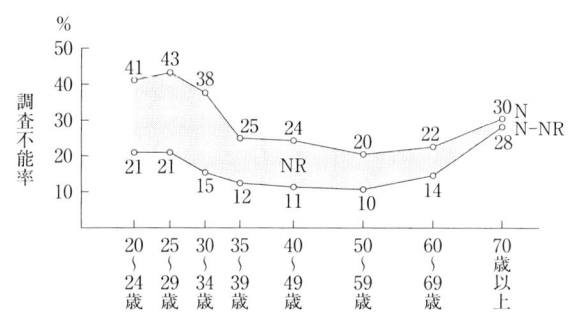

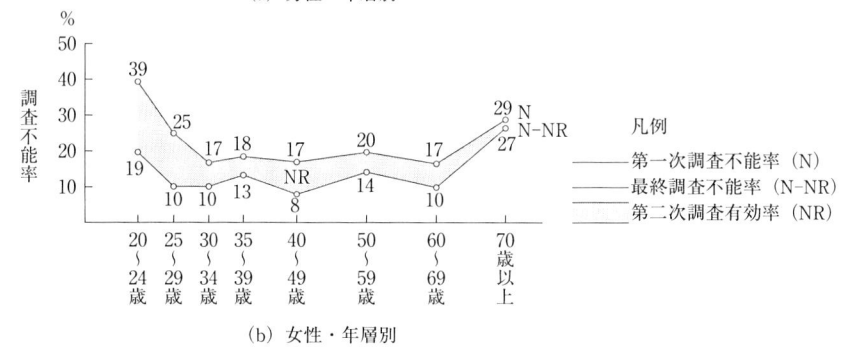

(a) 男性・年層別

(b) 女性・年層別

凡例
— 第一次調査不能率（N）
— 最終調査不能率（N-NR）
— 第二次調査有効率（NR）

図7.4 第一次調査不能と最終調査不能との比較（男女年層別）

表7.12 調査サンプルの属性の χ^2 検定

自由度（d.f.）	男女別	男女年齢別	地域別
指定サンプル (S) 対第一次有効 (R)	*	NS	*
指定サンプル (S) 対第二次有効 (NR)	**	**	**
指定サンプル (S) 対最終有効 (AR = R + NR)	NS	NS	NS
指定サンプル (S) 対第一次不能 (N)	**	**	**
指定サンプル (S) 対最終不能 (AN = N − NR)	SUG	NS	**
第一次有効 (S) 対第一次不能 (N)	**	**	**
最終有効 (AR) 対最終不能 (AN)	*	**	**

χ^2 検定の結果　　Prob. $(\chi_0 < \chi^2) \leq 0.01$ は　**
　　　　　　　　　0.01 < Prob. $(\chi_0 < \chi^2) \leq 0.05$ は　*
　　　　　　　　　0.05 < Prob. $(\chi_0 < \chi^2) \leq 0.10$ は　SUG
　　　　　　　　　0.10 < Prob. $(\chi_0 < \chi^2)$ は　NS

の高いのが目につく．これに対して，年齢が増すに従って，第二次調査有効率は下がり，とくに70歳以上の高齢者では，男女とも2%程度しか有効にできず，第二次調査をしても依然として有効にならず，最終調査不能率は高いままである．

　地域別に第一次調査不能率と最終調査不能率をみると，どの地域でも平均して第二次有効率をあげており，相対的にみて，調査不能率における地域差は変わっていない．

2) 調査サンプルの属性構成の歪み

　調査サンプルの属性構成が，調査不能率によってどのくらい歪むかを，分布の一様性の χ^2 検定によって調べてみる．その組合せは，表7.12に示したとおりである．

　まず，指定サンプル (S) と，有効サンプルとの分布の差の検定では，第一次有効 (R)，第二次有効 (NR) ともほとんどすべての層で有意差がみられるが，第一次と第二次の有効を加えた最終有効 (AR = R + NR) では有意差がみられない．

　次に調査不能サンプルに着目してみると，第一次不能 (N) では指定サンプルとの間に有効票と同様に有意差がみられたが，第二次調査を経た最終調査不能 (AN = N − NR) では，地域別を除いて，男女別，男女年齢別でやや改善されている．

7.6 調査不能の調査結果への影響

調査不能が調査結果にどのような影響を与えるかを，さきに述べた"追跡・再調査"から明らかにする．そこでは，第1回目の調査で不能として扱われる人たちを，あくまでも追跡し，何回も訪問して再調査をし，多少時間のずれはあるものの，とにかく回答を得た．そこで，まず，不能者がどんな意識をもっているかを分析し，次に，有効者の意識は，母集団の意識とどのような関係にあるかを分析する．

1) 調査不能者の回答傾向

調査不能者がどんな意識をもっているかをみるために，「日本人の日本観」調査の質問30問（250選択肢）について，第二次有効群（NR：第一次の不能者のうち第二次の追跡・再調査で有効になった者）の回答を，最終有効群（R＋NR：第一次または第二次で有効になった者）の回答と比較する．

第二次有効群の回答比率と，最終有効群の回答比率との相関関係は強い．しかし，選択肢一つずつ検定すると，250選択肢のうち，39選択肢（全選択肢の16％）で，両群の間に有意差があった．有意差のあった39選択肢をみると，最終有効群はより肯定的で明るいプラスの選択肢を，第二次有効群はより否定的で暗いマイナスの選択肢を，回答する傾向がある．

たとえば，"日本国のイメージ"をたずねた質問では，第二次有効群は最終有効群に比べ，プラスイメージの"日本は美しい国"，"日本は強い国"の率が低く，マイナスイメージの"生活水準の低い国"の率が高い．また，"日本の将来への楽観・悲観"の質問では，第二次有効群は最終有効者に比べ，楽観的な回答が少なく，悲観的な回答が多い．

表7.13 日本の将来への楽観・悲観

	最終有効 (R＋NR)	第二次有効 (NR)
甲（楽観的） (％)	20	13
どちらかといえば甲	23	21
どちらかといえば乙	26	32
乙（悲観的）	23	23
100％＝ (人)	3,096	419

男女とも20歳から30歳前後の若い人たちに調査不能が多いので，有効・不能間のこのような回答傾向の違いは，属性構成の違いからきていると考えられ

るが，はたしてそうだろうか．

"日本国のイメージ"について，両群それぞれ年齢別の回答比率を求める．（図7.5）．もし，"日本国のイメージ"が年齢によってのみ，変化しているならば，図7.5では，2本の線は重なるはずであるのに，そうなっていない．第二次有効群が最終有効群とはほぼ同じ傾向をもっているものの，比率の高さは一致していない．"生活水準の低い国"では，第二次有効群が最終有効群を上回り，逆に"美しい国"では，第二次有効群が最終有効群を下回っている．同じ年齢であっても，第二次有効群と最終有効群との回答比率の差は異なっている．両群の差は，年齢構成の差をこえて，より広がっている．

2) 調査有効者の回答傾向

前章でみてきたように，調査で不能になる人は，有効の人と比べ属性では若年層に多く，その意識は年層差をこえてそうとうに偏っていることを指摘した．一般の調査では，有効になった人だけのデータから，全体を推定しているのであるから，調査結果が偏っていないかと心配である．

「日本人の日本観」の30問250選択肢について，最終有効群と第一次有効群での回答比率を比較してみたが，その間には，ひとつの統計的有意差もみられなかった．これは，最終有効群の86%を第一次有効群が占めていることも一因である．第一次有効群で結果を解釈しても，大きく誤ることはないだろう．

3) 調査結果の調整の是非

調査不能が発生しているにもかかわらず，有効票についての集計をそのまま調査の結果としてよいかどうかが問題になる．とくに，調査不能がある特定の属性（地域や年齢層）に集中して起きているような場合に，せめて調査有効者の属性分布が，指定サンプルの属性分布に近づくように，ウェイト集計で調整

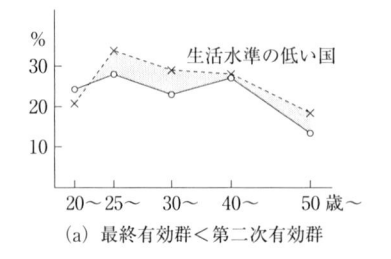

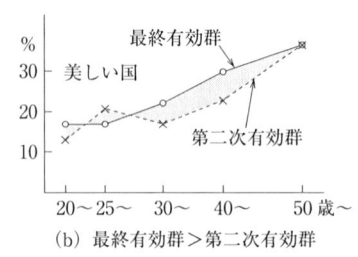

図7.5 年齢別の回答比率（最終有効群―第二次有効群）
（調査不能追跡・再調査，NHK全国調査，1973年）

したらよいと考える人がいる．

　一般の調査では，調査不能者の調査項目に対する回答が得られていないのだから，この場合のウェイトは，調査不能者の属性（地域や年齢）にたよって行う以外にない．はたして，同じ属性の人は同じような回答になるのだろうか．この点については，この"追跡・再調査"でみたように，調査不能になる人は，調査有効の人に比べ，"楽観的な回答が少なく，悲観的な回答が多い"など，回答の傾向が異なっている．そもそも，調査不能になりがちの人たちは，有効者とは異なるある特性をもっていると考えたほうがよく，単に属性分布の一致を図るためだけで，調査結果を調整するのは好ましくない．

　意識調査では，母集団における結果を知るすべもないが，選挙調査では，選挙における投票結果が出るので，仮にこれを母集団での結果とみなし，調査結果をいろいろの方法で調整をしてみて，はたして投票結果に近づくかを検討したひとつの報告がある（サンプリング研究会，1970）．

　第8回参議院選挙選挙区調査（1968年）において，これらの調整に必要な資料のそろっていた五つの県（宮城・神奈川・京都・愛媛・熊本）について，質問"投票予定候補者"への回答が，どのような調整をすれば選挙での得票結果に近づくかを検討した．調整を3種類について行った結果では，未調整より調整したほうが選挙結果に近づいたのは，神奈川と愛媛とでみられた．しかし候補者一人ひとりにもどって検討すると，調整の効果はさほどよいものではなかった．

　選挙調査と投票結果との不一致は，このような質問紙調査でどの程度有権者の投票行動を予測しうるか，また調査から投票までの間に有権者の意識の変化がないか，投票での棄権者の存在など多くの問題があり，調査不能率の問題だけでは単純に解決しない．

7.7　調査誤差の総合評価

　調査の結果を読みとるとき，その調査の精度の良し悪しは，最も重要な問題である．精度の悪い，すなわち調査誤差の大きい調査では，少々のパーセントの差を過大評価しないよう十分に注意しなければならない．調査の精度とは，裏返せば調査誤差ということになる（林，1961）．

　調査誤差は，大きく標本誤差と非標本誤差とに分かれる．

1) 標本誤差（サンプリング誤差）

標本誤差は，いわゆるサンプリングによって生ずる統計的な誤差であり，多くの場合，その誤差の評価式が存在する．たとえ，母集団に関する情報に乏しくても，サンプルの大きさ（n）が十分大きくて，サンプル調査での結果パーセント（p）がわかると，パーセントの誤差（E）を推定できる．

単純ランダムサンプリングなら，
$$E = 2\sqrt{p(100-p)/n}$$
である．

二段抽出サンプリングなら $1.5E$,

三段抽出サンプリングなら $1.7E \sim 2.0E$

程度である．

層別抽出をすると，サンプリング精度が，上記より1〜2割よくなる．

2) 非標本誤差

非標本誤差は，調査の各段階において，いろいろと発生する．本章では調査不能による影響を分析してきたが，それ以外にも調査の誤差はいろいろある．

(1) 調査地点を決めるに際して，不正確な資料に基づくもの．
  ① 市町村ごとの年齢別人口分布がない，あったとしても，時期的に古いのを使用して，特定層（たとえば20〜24歳）の割り当てをする．

(2) 調査相手の抽出に際して，発生するもの．
  ① 調査対象に一致した抽出台帳がない．
  ② 抽出台帳の閲覧制限・拒否によって，一部の地点が抽出できない．
  ③ 抽出台帳の整理の仕方（たとえば，市全域五十音順）によって，指示どおりの抽出ができない．
  ④ 台帳の更新がされていない．

(3) 調査不能によるもの．
  ① 調査相手の転居・不在・拒否などにより調査ができない．

(4) 調査員の不注意や不正によるもの．
  ① 面接法なのに電話で調査するなど，指定以外の方法で調査する．
  ② 夫の代わりに妻を調査するなど，指定以外の相手を調査する．
  ③ 一部の質問をしない．
  ④ 実際に調査をしないで，調査員が適当に調査票に記入する．

(5) 調査票設計の不備によるもの．

① 質問の意味がはっきりせず，どうとも解釈できるもの．
② 質問に，ある方向へのバイアスがかかっているもの．
③ 回答の記入の仕方が，十分に説明されていないもの．
(6)　回答記入・処理上の誤り．
① 回答の記入の間違い．
② 回答のコーディング・データ入力などの処理段階での誤り．
③ 集計過程での誤り．

　これらの，非標本誤差は，調査設計のたて方を工夫し，調査員はじめ調査の全過程を適切に管理することによって，そうとうに減少できる．

　また，非標本誤差のうち，ランダムに発生するものは，比較的対応しやすい．たとえば，調査不能にしても，ある特定の層ばかりに発生するのではなく，全体にまんべんなく発生するのであれば，サンプリング誤差の式で，単にサンプル数を有効数におきかえればよいのである．すなわち，不能の分だけ推定の精度が下がると考えればよい．

　しかし，多くの非標本誤差は，ランダムには発生しない．調査相手の不在は若い人たちに多く，抽出台帳の閲覧の困難な地域は，東より西のほうに多いなど，特定の層や地域に偏在する．このような状況は，調査結果になんらかの歪みを生じさせており，推定幅を大きくするだけの処理では解決できない．

　調査者・調査機関の良心として，歪みや偏りを出さないよう，万全の対策をたてる必要がある．場合によっては，他の調査相手の数倍の労力や経費を，ある特定の地域や相手にかける．安易に「調査不能」にして，調査全体をむだなものにすることは，避けなければならない．

7.8 有効サンプルの属性構成

有効サンプルの属性別構成を，個人面接法，配付回収法について示す．

1) 個人面接法における有効サンプルの属性構成（100% = 3,319 人）

性	男性	44.9
	女性	55.1
年齢	16～19 歳	4.4
	20～24 歳	4.3
	25～29 歳	4.7
	30～34 歳	7.0
	35～39 歳	7.8
	40～44 歳	7.3
	45～49 歳	7.6
	50～54 歳	7.8
	55～59 歳	10.8
	60～64 歳	9.6
	65～69 歳	9.5
	70～74 歳	8.1
	75～	11.2
性年齢	男 16～19 歳	2.4
	男 20 代	4.7
	男 30 代	6.1
	男 40 代	6.7
	男 50 代	8.4
	男 60 代	8.5
	男 70 歳以上	8.1
	女 16～19 歳	2.0
	女 20 代	4.3
	女 30 代	8.6
	女 40 代	8.2
	女 50 代	10.1
	女 60 代	10.5
	女 70 歳以上	11.2

都市規模	特別区と 100 万以上の市	18.2
	30 万以上の市	22.2
	10 万以上の市	24.1
	5 万以上の市町村	17.0
	5 万未満の市町村	18.5
学歴	中学卒	17.6
	高校卒	38.8
	高専・短大卒	18.5
	大学卒	17.7
	高校在	3.5
	短大・大学在	1.8
	その他・無回答	2.1
ライフステージ	未婚	20.0
	既婚　子どもなし	5.4
	既婚　中学生以下の子どもあり	17.6
	既婚　中学生以下の子どもなし	44.3
	離婚・死別　子どもなし	1.4
	離婚・死別　中学生以下の子どもあり	0.9
	離婚・死別　中学生以下の子どもなし	8.6
	無回答	1.9
職業	1. 農林漁業者	2.0
	2. 自営業者	9.8
	3. 販売職・サービス職	8.7
	4. 技能職・熟練職	7.1
	5. 一般作業職	5.2
	6. 事務職・技術職	17.0
	7. 経営者・管理者	4.4
	8. 専門職, 自由業, その他の職業	2.2
	9. 主婦	18.9
	10. 生徒・学生	5.1
	11. 無職	17.6
	12. その他, 無回答	2.1

NHK：「日本人の意識調査」2008 年．調査対象は全国の 16 歳以上の国民．住民基本台帳から層化 2 段無作為抽出法で抽出．サンプル数 5,400 人（450 地点）

2) 配付回収法における有効サンプルの属性構成 (100% = 10,841人)

性	男 性	47.8
	女 性	52.2
年層	10代	10.9
	20代	10.2
	30代	15.1
	40代	14.3
	50代	19.0
	60代	15.8
	70歳以上	14.8
男女年層	男 10代	5.6
	男 20代	4.9
	男 30代	6.6
	男 40代	6.7
	男 50代	8.9
	男 60代	8.1
	男 70歳以上	6.9
	女 10代	5.3
	女 20代	5.3
	女 30代	8.5
	女 40代	7.5
	女 50代	10.0
	女 60代	7.7
	女 70歳以上	7.8
	農林漁業者	3.0
	自営業者	7.7
	販売・サービス職	11.8
	技能・作業職	12.7
	事務・技術職	14.8

職業	専門職・自由業・その他	3.5
	主 婦	14.0
	無 職	15.8
	学 生	11.7
	有職者	56.2
男女別有職者	男の有職者	31.3
	女の有職者	24.9
勤め人	勤め人	42.0
	勤め人以外の有職者	14.2
男女勤め人	男の勤め人	23.0
	女の勤め人	19.0
	男勤め人以外の有職者	8.3
	女勤め人以外の有職者	5.9
在学	小学生	3.2
	中学生	3.1
	高校生	3.2
地域	東京圏	23.4
	大阪圏	11.2
	30万以上市	16.3
	10万以上市	12.3
	10万未満市	16.0
	町 村	20.8

NHK:「2005年国民生活時間調査」,調査対象は全国の10歳以上の国民,住民基本台帳から層化2段無作為抽出法で抽出,サンプル数12000人 (300地点、平日合計)

8. 集　　　　　計

　社会調査では，調査相手一人ひとりの回答を知るのが目的ではなく，調査相手全体の回答率を知ることを目的としている．すなわち，"誰がどんな意見をもっているのか"ではなく，"どんな人たちが，どのような傾向の意見をもっているのか"を調べるのである．調査相手全体の回答傾向を把握するために"単純集計"をし，さらに詳細な分析を行うために，男女・年齢・地域などの調査相手の属性別，あるいは質問間の関連を探るために"クロス集計"を行う．

　さらに，多くの属性間や質問間の複雑な関係を探るために，三重，四重クロスが必要になることもある．しかし，二重クロスはともかく，三重・四重とクロスが重なるに従って，たとえ計算はできたとしても，集計表が多く複雑になり，それを読みとることが感覚的には困難になり，全体的な様子さえも見通すのが難しくなる．そのため，このような多くの変数間の複雑な絡み合いを簡明に表現するには，多変量解析の各手法が有効な手段となる（実例は10.3節の3）を参照）．

　集計の仕方としては，手集計によるものと，パソコンなど，コンピュータによる集計がある．サンプル数が比較的少なく，質問量も集計量も少ない場合には手集計を使うこともある．しかし，人間が分類や集計を行うのは間違い（ミス）が起きやすく，たくさんの複雑な集計をしたいときや，データ数が多い場合には向かない．コンピュータによる集計は，データを迅速・正確に処理でき，大量集計に適している．通常，集計には集計プログラム（または集計ソフト）や統計パッケージを利用することが一般的である[*1]．

　　＊1　データ加工や単純集計・クロス集計をはじめ，多変量解析などの各種分析を行うことができる．代表的なものにSAS，IBM SPSS，S-PLUSなどがあげられる．また最近では，おもに教育・研究用にオープンソースでフリーソフトのRが利用されることも多い．

8.1 コーディング（回答の符号化）

集計をはじめる前に，調査票の回答をコンピュータでの集計が可能なようにデータ化する必要がある．まず，調査票の回答すべてに，英数字の符号（コード）を与える（これをコーディングとよぶ）．コードは「1，2，3，…」と数字にするのが一般的である．

1) プリコード方式

調査票の選択肢ごとに，あらかじめコードをつける場合を「プリコード方式」という．コードをそのまま集計に利用する．（次頁の例1～3参照；2005年3月「日本人とテレビ」調査より）

2) アフターコード方式

"自由記述"の回答の場合には，回答そのままでは集計がしにくいので，ある分類基準を定めて，分類コードを与える"アフターコード方式"を用いる．回答が自由記述のほか，年数・費用・時間量など，"数量"で記入された質問にも同様にアフターコード方式を用いる．

アフターコード方式の作業は，まず調査票を下見し，"分類基準"を定める．次に，分類基準に従ってコーディングする．分類基準は，客観性，再現性が要求される．すなわち，だれが分類しても同一の分類コードに入り，かつ何回分類しなおしても同一の分類コードに入るように，しっかりした分類基準をつくる必要がある．

このアフターコード方式は，ある項目に関して，調査相手がどう考えているか，どんな回答分布になるか調査してみないと，なかなか予想できないときに用いる．しかし，分類基準をつくり，さらにアフターコードをするという作業が大変なので，調査相手数の多い場合はあまり用いられない．"自由記述"や"数量"での記述は，事前のプリテストで行い，そこから分類をつくり，本調査ではプリコード方式にするのが普通である．

分類基準　　自由記述のコーディングの場合は，調査票の自由記述欄を読みながら，どんな内容が書かれているかを，読みとることからはじめる．まず，自由記述の内容を別紙に抜き書きする．サンプル数が多かったり，自由記述の記入率が高い場合には，全体の1/2～1/10程度の調査票をランダムに抽出して，その分だけの自由記述を抜き書きする．

次に，抜き書きの内容を通読し，質問の目的，ひいては調査の目的にそって分類基準を定める．この作業は企画者自身が行うのが望ましい．その際，ある

8. 集　　　計

▷**例1**　単一選択の場合（選択肢の中から回答を1つ選択する），single answer：(SA)

1問に1カラム：選択肢ごとに1，2，3，…，のコード

第1問　〔リスト1〕 あなたは，現在のテレビに，全体として，どの程度，満足していますか．リスト1の中から，お答えください．	⑳←カラム 1．十分，満足している ②．どちらかといえば，満足している 3．どちらかといえば，不満である 4．まったく不満である 5．わからない，無回答

注）リストに表示する選択肢は点線の括弧で囲われている

▷**例2**　多肢選択の場合（選択肢の中から回答を複数を選択する，multiple answer：MA）

1選択肢に1カラム　　は　い（○がついている）・・・1
　　　　　　　　　　 いいえ（○がついていない）・・・2

第2問　〔リスト2〕	選択肢	カテゴリー	コード	カラム
では，あなたは，ふだん，どんなテレビ番組をよくご覧になっていますか．リスト2の中から，いくつでもお答えください．	㋐	ニュース・ニュースショー・報道番組	1	㉑
	㋑	天気予報	1	㉒
	ウ．	ドラマ	2	㉓
	エ．	映画	2	㉔
	オ．	クイズ・ゲーム	2	㉕
	カ．	バラエティー・お笑い番組	2	㉖
	㋖	アニメ・子ども番組	1	㉗
	ク．	音楽番組	2	㉘
	ケ．	スポーツ・	2	㉙
	コ．	生活・実用・趣味	2	㉚
	㋛	ドキュメンタリー・教養	1	㉛
	シ．	ワイドショー	2	㉜
	ス．	この中にはない	2	㉝
	セ．	ほとんど，まったくテレビは見ない	2	㉞
	ソ．	わからない，無回答	2	㉟

注）リストに表示する選択肢は点線の括弧で囲われている
　　多肢選択の選択肢番号はア．イ．ウ．…で表示している

8.1 コーディング（回答の符号化）

▷例3　順序づけの場合
1番目に1カラム　選択肢ごとに1, 2, 3, …, のコード
2番目に1カラム　選択肢ごとに1, 2, 3, …, のコード
　　　・・・・・・

第3問〔リスト3〕	1. ラジオ
あなたにとってどうしても欠かせないものはどれですか．いろいろなことを考えあわせて，リスト3の中からひとつだけ選ぶとしたらどれでしょうか．〔1番目〕〔番号を回答欄に記入する〕	2. CD・MD・テープ 3. テレビ 4. 映画・ビデオソフト 5. 新聞 6. 週刊誌 7. タウン誌・情報誌 8. 本 9. インターネット（メールは除く） 10. 家族との話 11. 知人との話
第4問〔リスト3〕 もうひとつ選ぶとしたらどれでしょうか．〔2番目〕〔番号を回答欄に記入する〕	12. この中にはない 13. わからない，無回答

回答欄	コード	カラム
第3問〔1番目〕	3	㊱
第4問〔2番目〕	10	㊲

注）リストに表示する選択肢は点線の括弧で囲われている

　特定の分類コードに回答が集中したり，逆に少なかったりしないように，回答に頻度分布を考慮して分類基準を定める．
　年齢・月収・費用などの"数量"の場合には，まず分類項目数を少し多めに（20～100分類）にして頻度分布を調べる．
　コーディング　分類基準が決まれば，その後は全調査票を1票ずつ読んで，該当するコードを与えればよい．この作業は，企画者でなくてもできるように分類基準を明確に定義しておく．

▷例1　自由記述の例：「親が子に教えること」

　日本と米国との比較調査で，"人間の基本的な生き方として，親が子に教えておくべきこと"は何かについて，自由に回答を求めたところ，ほとんどの人（日本91％，米国98％）がなんらかの回答を寄せた．まず，一人ひとりの回答を1枚ずつのカードに転記し，次に，回答に出てくる重要な言葉（キーワード）でカードを分類した（表8.1）．

表8.1　自由記述の分類の例（日米比較調査より）
「人間の基本的な生き方として，親が子に教えておくべきこと」（％）

	日　本			米　国		
	分類のための語	男	女	Key Word	男	女
信仰	神の愛	0	1	believe in God	11	14
道徳	しつけ・常識・善悪の判断	12	6	high morals	10	10
良心	まじめ・正直・正しい生き方	16	17	honest, fair	24	23
性格	やさしさ・思いやり・人に好かれる	5	8	respect others	12	10
自立	自立・努力	19	17	positive attitude, responsibility	18	20
勉強	勉強	1	1	good education	5	4
人間関係	他人に迷惑にならないように	31	34	golden rule	13	13
家庭	親孝行・家庭大切	4	5	family important	1	1
社会	社会のために	3	1	make society better	0	0
その他		1	2		5	4
無回答		9	9		2	2

▷例2　数量の場合：女性の月収

　まず，1万以下，1万，2万，…，40万以上と1万円単位で，その度数分布を数えてみる．その結果，月収の分布は，16万円から29万円あたりに集中しており，15万以下も30万円以上も比較的少ないことがわかった．

　それをみて，女性の月収の分類基準を15万以下，16万，17万，18万，…，30万以上と16分類と決めると，各コードに適当数の調査相手が入ることになる．

8.2 データ作成

調査票へのコーディングが終了したら，コンピュータで処理するために，データの作成作業を行う．データ作成は，1) データ入力，2) データクリーニング，3) 新設カラム作成（リ・コード）の順に行い，それぞれ作業内容を記した仕様書を作成する．そして，事前にテスト用の調査票を作成して，データ作成が仕様書どおりに行えるか確認しておく．

1) データ入力

調査票に記入されたコードを決められた場所（カラム）に入力していく．調査票1人分で1レコードとなる．有効となった調査票については，調査票の表紙の部分（地点番号，相手番号，不能理由，性別，元号，生年）に続き，質問部分を入力する．8.1節1)の例1から例3で示した調査票の回答を入力すると，各カラム番号の位置に入るコードは表8.2のようになる．不能となった調査票については，調査票の表紙の部分だけの入力となる．入力データは，使用予定の統計パッケージに合わせたコード体系やファイル形式で作成する．

表8.2 入力データ（例1～例3）：raw data または，個票データなどという

質問番号	相手番号	不能理由	性別	元号	生年		第1問	第2問					第3問	第4問
入力桁数	4	2	1	1	2		1	1	1	1	1	1	2	2
カラム番号	①	②	③	④	⑤	‥	⑳	㉑	㉒	㉓	㉔	㉟	㊱	㊲
入力コード	0217	12	2	3	55	‥	2	1	1	2	2	2	03	10

2) データクリーニング

調査票にはないコードがあると，そのカラムの集計が正確にはできなくなる．そのため，まず，入力されたデータに指定外のコードがないかのチェックを行う．また，関連質問でおかしいものがないかなど，論理的な矛盾のチェックも行う．そして，入力されたデータにこれらのエラーが見つかった場合には，調査票や調査相手一覧表などで確認し，入力データを正しいものに修正する．

3) 新設カラム作成

データクリーニング後，属性や各質問（カラム）のコード（回答）を元に，いくつかのコードをまとめたり，複数の質問のコードを組み合わせたりして，新設カラムを作成する．

▷**例** 新設カラムの例
年　　　層：16〜29歳をコード1，30〜39歳をコード2，…
男女年層：男女と年層を組み合わせて，
　　　　　男16〜29歳をコード1，男30〜39歳をコード2，…
　　　　　女16〜29歳をコード7，女30〜39歳をコード8，…
生活満足度（コードまとめ）：
　　1. 非常に満足している，2. かなり満足している，をコード1（満足）
　　3. あまりしていない，4. まったく満足していない，をコード2（不満足）
　　5. わからない，無回答，をコード3（わからない，無回答）

8.3　集計の仕方

集計表の種類には，単純集計とクロス集計がある．単純集計とは，質問ごとにサンプル全体での回答の実数や比率を示す基本的な集計表である．クロス集計[*2]とは，二つ以上の質問や属性間の関連表のことであり，広義の相関表といえよう．二つの質問の場合を二重クロス集計という．多くの質問相互間の関係をみるためには，数量化理論などの多変量解析手法が使われる．

有効データと不能データを合わせた全データで，調査不能集計を行う．調査不能集計は，有効・不能，不能理由，地域・性・年層・男女年層などのカラムの集計で，属性別の有効率・不能率や指定サンプル構成比・有効サンプル構成比などが算出される．調査結果の分析には，有効データを用いて集計する．

　　[*2]　クロス集計表の横方向（行）となる項目を表側，縦方向（列）になる項目を表頭という．

1)　集計仕様

集計にあたっては，事前にどの項目をどのように集計するのか，集計の仕様書（表8.3）を作成する．

2)　単純集計

〈集計仕様〉
・集計項目の指示（集計したい項目について，表示の順番を単純集計指示欄に記入する．）
・集計母数の指示（比率％を計算するとき，調査相手全員を100％とするのか，それとも該当者を100％とするのかを集計母数欄に記入する．）

〈単純集計の例〉
単純集計の例として，"テレビの満足度"に関する質問に対する回答を示し

8.3 集計の仕方

表 8.3 集計仕様（単純集計・クロス集計）

質問番号	質問内容（表側）	集計母数	カラム番号	単純集計指示	クロス集計指示（縦母数）					
					F1 地域	F1 性	F2 年層	F3 男女年層	F4 職業	F5 学歴
					⑩	③	⑩	⑩	⑩	⑩
Q1	テレビの満足度	全数	⑳	1	1	2	3	4	5	6
Q2	テレビ視聴種目（複数回答）	全数	㉑〜㉟	2	7	8	9	10		
Q3	欠かせないメディア（1番目）	全数	㊱	3	11	12	13	14		
Q4	欠かせないメディア（2番目）	全数	㊲	4	15	16	17	18		
Q5	ワンセグ視聴頻度	全数	㊳	5	19	20	21	22	23	24
Q6	ワンセグ視聴種目（複数回答）	該当者	㊴〜㊽	6	25	26	27	28	29	20
⋮										

→ 質問番号
→ 質問内容（表頭）
→ カラム番号
クロス集計表番号

た．この質問の全サンプル数は 1920 人で，各選択肢ごとの回答％は，表 8.4 にあるように，「十分，満足している」が 12.1％，「どちらかといえば，満足している」が 63.8％，…，である．

表 8.4 単純集計の例（2005 年 3 月「日本人とテレビ」調査）

問　あなたは，現在のテレビに，全体として，どの程度満足していますか．

1. 十分，満足している	233	12.1
2. どちらかといえば，満足している	1,225	63.8
3. どちらかといえば，不満である	350	18.2
4. まったく不満である	31	1.6
5. わからない，無回答	81	4.2
計　100％ =	1,920 人	100.0％

　単純集計表の形としては，左側の回答数は表示しない場合もある．
　％の表示は一般的に，少数点以下 1 桁（2 桁目四捨五入）までである．単一選択の場合の％の合計は，四捨五入の関係で 100％にならないこともある（無理に 100％にすることはない）．％の母数となったサンプル数は，結果の精度（サンプル誤差）がわかるように明記する．

3) クロス集計

〈集計仕様〉
・表側の指示（クロス表の表側となる項目と，集計母数の指示）
・表頭の指示（クロス表の表頭となる項目の指示）
・クロス表作成の指示（集計軸[*3]の指示，表側項目×表頭項目の組み合わせと，集計表番号の指示）

　　＊3　集計軸：縦母数の％とするか，横母数の％とするか，または全数母数の％とするか．表8.3は集計軸が縦母数のものであるが，横母数の％とする場合は，表頭に集計母数の指示欄が必要となる．

〈クロス集計の例〉

　二重クロスの例として，表8.4の「テレビの満足度」について，調査データを男女年層別に分け，その回答を調べた（表8.5）．

　男の16～20歳でみると，サンプル数は134名で，そのうち，「十分，満足している」は21.6％であり，「どちらかといえば，満足している」は59.7％である．

　このクロス集計表でも，先の単純集計表と同様，％の分母となる各男女年層別のサンプル数を100％＝（人）の欄に表示する．なお，分母が100を下回るような分類は，他の層とまとめるなどして，できるだけつくらないようにする．やむをえず分母が100を下回るものが出たときには，クロス表へ載せないか，載せたとしても％は整数で表示する．これには，他の列（または行）と比べて％の精度が1桁落ちていることを示し，利用者に注意を喚起するためである．

　また，各セルごとの回答数を％と併記するのは，見にくいので，％のみの表にするのが一般的である．

　パーセントの算出は，次の3通りがある．
・横母数の％（横計を100％にして，同じ行の各セルの回答数の％を出す）
・縦母数の％（縦計を100％にして，同じ列の各セルの回答数の％を出す）
・全母数の％（全体を100％にして，全セルの回答数の％を出す）

　どの向き（縦母数または横母数，これを集計軸ともいう）に％を算出するかは，利用目的にかかっている．原則として，原因と考えているもの，あるいは比較したいものを母数にパーセントを算出する．

　表8.5の例では，各男女年層区分ごとに，その区分のサンプル数を母数にして，各列のセルでの回答数の％を縦分母で表示している．このクロス表からは，

「男女年層で，テレビの満足度にどのような回答傾向があるのか」をよみとることができる．

表 8.5 クロス集計の例（2005 年 3 月「日本人とテレビ」調査）
問　あなたは，現在のテレビに，全体として，どの程度満足していますか．表番号 = 4

	男性（%）						女性（%）						全体 (%)
	16～29歳	30～39歳	40～49歳	50～59歳	60～69歳	70歳以上	16～29歳	30～39歳	40～49歳	50～59歳	60～69歳	70歳以上	
1. 十分，満足している	21.6	9.9	5.6	10.6	8.5	16.6	22.4	7.5	5.7	7.8	11.2	22.0	12.1
2. どちらかといえば，満足している	59.7	68.4	71.2	62.2	61.2	62.1	70.4	65.4	70.9	55.3	65.4	59.1	63.8
3. どちらかといえば，不満である	11.2	17.8	18.4	21.3	26.7	15.2	5.6	21.1	15.2	30.4	15.9	12.2	18.2
4. まったく不満である	1.5	1.3	0.8	2.1	1.2	1.4	0.0	2.3	1.3	2.8	2.3	1.2	1.6
5. わからない，無回答	6.0	2.6	4.0	3.7	2.4	4.8	1.6	3.8	7.0	3.7	5.1	5.5	4.2
計 100% =（人）	134	152	125	188	165	145	125	133	158	217	214	164	1,920

9. 推定・検定

　調査で得られるパーセント（または平均値）は，たまたまサンプルに当たった人たちのパーセント（または平均値）であるが，本当に知りたいのは，サンプルにおける結果ではなく，その背後にある多くの人たち（母集団）全体でのパーセント（平均値）なのである．何百・何千のサンプルの回答から，その背後にある何百万・何千万もの人たち，すなわち母集団での回答を類推するのであるから，そこには，いくらかの誤差が存在するのは避けられない．

　サンプル調査での結果から，どのくらいの誤差（サンプリング誤差または標本誤差）をともなって，母集団での結果の推定や母集団での回答の差を検定できるかは，推測統計の理論によって求められる．また，推定・検定の精度は，どのようなサンプリング方法を用いているかに依存している．ここでは，単純ランダム・サンプリングによって抽出した場合について説明する．ここでいうランダム・サンプリングとは，サンプルが単に「でたらめ」に選ばれるのではなく，「同じ確率（等確率）」で選ばれることを意味する．

　ここで注意しなければならないことは，もしサンプルがランダムではなく有意に抽出された場合には，本章で詳しく説明する推定・検定の方法は適用できない点である．たとえば，割当法（クォーター法）[*1]による抽出や補助サンプル付きの調査など，抽出の過程にランダム性がない，もしくはそれが崩れている場合にも同様に適用できない．全数調査の場合には，調査結果は母集団そのものの結果であるから，当然，推定・検定する必要がない．

　全国調査など実際の（大規模）調査では，サンプルが全国に散らばっており，調査時間やコストなどの側面から，単純ランダム・サンプリングによってサンプルを抽出することが困難なことが多い．そのため多くの場合，人口構成や経済規模などによって地域を層別した（地点層別）あと，調査地域を抽出（地点抽出）し，その中からサンプルをランダムに抽出する（これを層別二段抽出法という）ことが一般的である．必要に応じて，地域を都市別，さらにその中を

市区別に層別に分け抽出段階を増やせば，層別三段抽出法となる．抽出段階を増やせばサンプリング誤差は大きくなり，二段では単純ランダム・サンプリングの$\sqrt{2}$倍，三段では，$\sqrt{3}$倍に増えると考えると実態に近い．

なお，サンプル数は調査の不能サンプルを除いた有効サンプルの数であり，指定サンプルの数ではない．指定サンプルでの精度を目標精度，有効サンプルでの精度を実績精度といい，調査精度は，一般的に実績精度を用いる．調査には不能がつきものであるから，調査計画の立案に際しては，ある程度の不能率を見越して，その分サンプル数を多くし，実績精度を高める．

以下，調査結果がパーセント（％）と平均値の場合について，推定・検定の方法を具体的に示す．その際，第2章サンプリングの基礎理論で述べた式について，次の条件下での推定・検定の方法を述べる．

① 推定・検定の信頼度を95％とし，信頼度係数1.96を2とする．
② 母集団の大きさNは大きく（Nは少なくても10000以上），有限修正項$(N-n)/(N-1)$は1とみなせる．母集団は無限母集団である．
③ サンプル数nは大きく（nは少なくとも100以上），母分散（母集団での分散）S^2をサンプル分散s^2でおきかえることができる．あるいは，母比率（母集団での比率）Pをサンプル比率pでおきかえることができる．

以下では，サンプル数nについて，すべて100以上（$n≧100$）の場合のみに適用できるものである．

なお，検定でいう「有意な差」とは，得られた差が確率的に偶然得られたものと考えにくいことを意味するが，あくまでもサンプル調査（標本調査）から得られた結果にすぎず，「実質的に意味ある差」をいっているものではない．有意な差（有意差）を出そうとすれば，サンプル数（標本数）を多くとれば必ず出る．サンプル数（標本数）が少ないときは，サンプリング誤差が十分大きく，非標本誤差が比較的小さいとみなされ，実質的に大きな差がないと有意とならないので役に立つものである．

また検定の結果，「有意な差」が得られないときも，必ずしも「等しいまたは同等」であるわけではない．あくまでも「有意な差があるとはいえない」というだけである．

*1 性別，年齢，職業など，母集団での構成比に合うように，ある原則で標本を選び出す方法である．

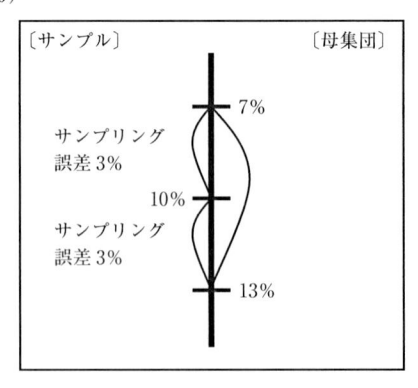

9.1 パーセントの推定

パーセントの推定式　質問への回答について，サンプル調査で得られたパーセントから，母集団でのパーセント（母比率）を推定する．

（信頼度 95%，無限母集団）

サンプル調査（n 人）で，ある質問への回答率が p % と得られたとき，母集団での回答率 P % のサンプリング誤差（E）は，

$$E = 2\sqrt{\frac{p(100-p)}{n}} \qquad (9.1)$$

である．P は，$p-E$ より大きく，$p+E$ より小さいと 95% の信頼度でいえる．

すなわち，母集団での回答率 P % は，サンプル調査での回答率 p % を中心として，サンプリング誤差（E）の範囲内にあると 95% の確からしさ（信頼度）でいえる．

▷**例1**　賛成率の推定

全国で 400 人のサンプル調査を行い，ある意見への賛成の割合が 10% だったとき，全国民の賛成率はどのくらいと推定できるか．

〔解答〕　(9.1) 式にサンプル数 $n=400$，パーセント $p=10$ を代入すると，サンプリング誤差 E は，

$$E = 2\sqrt{\frac{10(100-10)}{400}} = 2\sqrt{\frac{9}{4}} = 3$$

$$p - E = 10 - 3 = 7$$
$$p + E = 10 + 3 = 13$$

となる．

この結果，母集団すなわち，全国民の賛成率は 7〜13% の間にあると推定される．（信頼度 95%）

図 9.1　パーセントの推定幅

9.2 平均値の推定
1) 平均値の推定式
質問への回答が数量の場合，サンプル調査で得られた平均値から母集団での平均値を推定する（2.3節のサンプリングの（2.5）式を参照）．

（信頼度95%，無限母集団）

サンプル調査（n 人）で，ある質問の平均値（$\bar{x}$），分散（s^2）から，母集団の平均値のサンプリング誤差（E）は，次のようになる．

$$E = 2\sqrt{\frac{s^2}{n}} \qquad (9.2)$$

"$\bar{X}$ は $\bar{x}-E$ より大きくて $\bar{x}+E$ より小さい" と信頼度95%でいえる．

すなわち，母集団での平均値 $\bar{X}$ は，サンプルの平均値（$\bar{x}$）を中心として，サンプリング誤差（E）の範囲内にあると95%の確からしさ（信頼度）でいえる．

▷例2 小遣いの平均値の推定

全国の大学生の1か月の小遣いを推定するために，1000人のサンプル調査で
  平均値 $\bar{x}$ が 28000 円
  標準偏差 s が 6000 円（分散 $s^2 = 6000 \times 6000$）
が得られたとき，全国大学生の小遣いの平均値を計算しなさい．

〔解答〕（9.2）式に，サンプル数 $n=1000$，標準偏差 $s=6000$ を代入すると，サンプリング誤差 E は，次式となる．

$$E = 2\sqrt{\frac{6000 \times 6000}{1000}} = 2\sqrt{36000} \cong 380$$

$x - E = 28000 - 380 = 27620$
$x + E = 28000 - 380 = 28380$

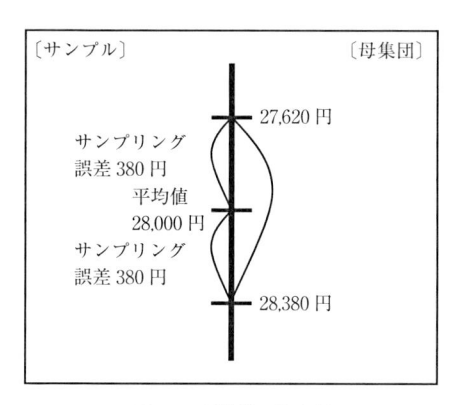

〔サンプル〕　　　　　　　　〔母集団〕

27,620 円
サンプリング
誤差 380 円
平均値
28,000 円
サンプリング
誤差 380 円
28,380 円

図 9.2　平均値の推定幅

この結果，母集団すなわち，全国の学生の1か月の小遣いは，27620～28380円の間にある（信頼度95%）．

9.3　パーセントの差の検定

　サンプル調査で，2つのパーセントが得られたとき，母集団で得られるであろうパーセントの間に差があるかどうかを検定する．その場合，パーセントの算出の状況に応じて，次のそれぞれ検定を使い分ける必要がある．

- **互いに従属なパーセントの差の検定**

　調査相手は同じ1組のサンプルであり，片方のパーセントの増減が残りの一方のパーセントに影響を与える場合に使用する（比較する2つのパーセントの和が100%になる場合など）．

　① 単一選択の質問において，選択肢間のパーセントの差の検定を行う場合に使用する（ただし，選択肢が多い場合は，1つの選択肢のパーセントの増減が必ずしも比較したいもう1つの選択肢のパーセントに影響を与えるとは限らないのでこれに当たらない）

　② 賛否を問う（どちらかに必ず投票する）のときの賛成と反対の差の検定を行う場合

- **互いに独立なパーセントの差の検定**

　2つのパーセントがお互いに関連せず，独立に算出されている場合に使用する．

　(a)　同一サンプルの場合

　　① 第1問の賛成率と第2問の賛成率の差の検定

　　② 多肢選択の質問で選択肢と選択肢とのパーセントの差の検定

　　③ 放送時間の異なる番組Aと番組Bの視聴率の差の検定

　(b)　異なるサンプルの場合

　　① 番組Aの関東地区の視聴率と関西地区の視聴率の差の検定

　　② 同一番組で昨年と今年の視聴率の差の検定

- **一部従属なパーセントの場合（クロス表）**

　一方のサンプルが他方のサンプルの一部をなしていることにより，パーセントが一部従属しているとき．

　　① クロス表で，ある層（たとえば若者）と全体のパーセントの差の比較

1) 互いに従属なパーセントの差の検定

(信頼度 95％，無限母集団)

サンプル数を n，サンプルの2つのパーセントを p, q としたとき，

$$|p-q| \geq 20\sqrt{\frac{p+q}{n}} \qquad (9.3)$$

ならば，母集団で2つのパーセントの P, Q の間に有意差がある．

$$|p-q| < 20\sqrt{\frac{p+q}{n}}$$

ならば，母集団で2つのパーセントの P, Q の間に有意差があるとはいえない．

ここでは，"差がある"とはいえなかっただけで，"差がない"とはいっていない．すなわち，統計では，差がある場合については積極的に表現できるが，差がない場合については "あるともいえず"，"ないともいえない"という表現となる．

▷**例1** 賛成率と反対率

サンプル数 400 人で，ある意見に賛成 33％，反対 23％のとき，母集団全体で賛成のほうが反対より多いといえるのだろうか．

(9.3) 式の左辺は，$|33-23|=10$，右辺は $20\sqrt{(33+23)/400}=7.5$

で左辺＞右辺となり，2つのパーセントに有意差がある．

2) 互いに独立なパーセントの差の検定

(信頼度 95％，無限母集団)

一方のサンプルのサンプル数を l 人，パーセントを p
他方のサンプルのサンプル数を m 人，パーセントを q としたとき，

$$|p-q| \geq 2\sqrt{P^*(100-P^*)\frac{l+m}{lm}} \qquad (9.4)$$

ならば，母集団で2つのパーセントの P, Q の間に有意差がある．

$$|p-q| < 2\sqrt{P^*(100-P^*)\frac{l+m}{lm}}$$

ならば，母集団で2つのパーセントの P, Q の間に有意差があるとはいえない．
ここで，$P^* = \dfrac{lp+mq}{l+m}$ である．

▷**例2** 東京と盛岡の子ども調査
"子どもの生活とテレビ"の調査の結果によると，稽古事に通っている中学生は，東京で30.5%，盛岡で24.1%であった．稽古事に通っている率は東京と盛岡で差があるといえるか．ただし，サンプル数は東京で266人，盛岡で295人であった（この場合，東京と盛岡は別々のサンプルであるので，稽古事に通っている率は互いに独立である）．

$$P^* = \frac{266 \times 30.5 + 295 \times 24.1}{266 + 295} = 27.1$$

$$E = 2\sqrt{27.1 \times (100 - 27.1)\frac{266 + 295}{266 \times 295}} = 7.5$$

$$|p - q| = |30.5 - 24.1| = 6.4$$

$$6.4 < 7.5$$

であるので，東京の中学生と盛岡の中学生とでは，稽古事に通っている率に有意差があるとはえいえない．

3) 一部従属なパーセントの場合（クロス表）

クロス表で，ある層（たとえば若者）のサンプルは全体の一部であり，2つのパーセントは一部従属していることになり，このままではパーセントの差の検定はできない．そこで，全体からある層を除いた残りの層（若者以外）を想定すると，ある層と残りの層は，互いに独立なサンプルとなる．そのうえでパーセントを算出し，互いに独立なパーセントの差の検定を行う．

なお，一般的なクロス表では，残りの層のパーセントは出ていないので，つぎの検定式を用いるとよい[*2]．

ある層と残りの層との互いに独立なパーセントの差の検定

（信頼度95%，無限母集団）

全体のサンプルのサンプル数を l，パーセントを p
ある層のサンプルのサンプル数を m，パーセントを q としたとき，

$$|p - q| \geq 2\sqrt{p(100 - p)\frac{l - m}{lm}} \quad (9.5)$$

ならば，母集団である層と残りの層のパーセントに有意差がある．

$$|p - q| < 2\sqrt{p(100 - p)\frac{l - m}{lm}}$$

ならば，母集団である層と残りの層のパーセントに有意差があるとはいえない．

9.3 パーセントの差の検定

＊2 独立なパーセントの差の検定式 (9.4) で，ある層と残りの層の記号で書くと (9.6) 式になる．ここで，残りの層のパーセント r とサンプル数 f が計算されていないとき，全体 (p, l) と，ある層 (q, m) とから導くと，(9.5) 式を得る．

記号を定める．

	A	B	C
	全体	ある層	残りの層
母集団でのパーセント	P	Q	R
サンプルの大きさ	l	m	f
サンプルでのパーセント	p	q	r

ある層 q と残りの層 r の互い独立なパーセントの差の検定式は，

$$|q-r| \geq 2\sqrt{P^*(100-P^*)\left(\frac{m+f}{mf}\right)} \tag{9.6}$$

このとき，$P^* = \dfrac{mq+fr}{m+f}$ であるから，ゆえに，$P^* = p$

また，$p = \dfrac{mq+fr}{m+f}$，$f = l-m$ であることから，

$$r = \frac{mp - mq + fp}{f} = \frac{mp - mq + (l-m)p}{l-m} = \frac{lp - mq}{l-m}$$

(9.6) 式にこれらを代入して，

$$\left| q - \frac{lp-mq}{l-m} \right| \geq 2\sqrt{p(100-p)\frac{l}{m(l-m)}}$$

$$\left| \frac{l(q-p)}{l-m} \right| \geq 2\sqrt{p(100-p)\frac{l}{m(l-m)}}$$

$$|p-q| \geq 2\sqrt{p(100-p)\frac{l-m}{lm}} \tag{9.5}$$

▷**例3**　「欠かせないメディア」としてのテレビと若者

ある調査の結果によると，「欠かせないメディア」としてテレビをあげる率は，国民全体で 55%（サンプル数 2710 人），そのうち，若者（16～29 歳）にかぎると，37%（サンプル数 432 人）になった．「欠かせないメディア」としてテレビをあげる率は，若者と国民全体とで差があるといえるか．

国民全体と若者はサンプルが重複しているので，国民全体から若者を除いた若者以外と若者との独立なパーセントの検定を (9.5) 式で行う．

$$|p-q| = |55 - 37| = 18$$

$$E = 2\sqrt{55(100-55)\left(\frac{2710-432}{2710 \times 432}\right)} = 4.4$$

$$18 > 4.4$$

であるので，若者と若者以外との間には，「欠かせないメディア」としてテレビをあげる率に母集団で有意差がある．

9.4 互いに独立な平均値の差の検定

平均値の差の検定についても，前節と同じで，互いに従属な場合と独立な場合があるが，その考え方はパーセントの差の検定と変わらない．社会調査の場合，結果を平均値で出す場合はパーセントの差の検定と比べて少ないので，ここでは互いに独立な場合の平均値の差の検定についてのみ説明する．

（信頼度 95％，無限母集団）

一方のサンプルのサンプル数を l 人，平均値を $\bar{x}$, 標準偏差を s_x

他方のサンプルのサンプル数を m 人，平均値を $\bar{y}$, 標準偏差を s_y としたとき，

$$|x-y| > 2\sqrt{\frac{s_x^2}{l} + \frac{s_y^2}{m}} \tag{9.7}$$

ならば，母集団で 2 つの平均値に有意差がある．

$$|x-y| < 2\sqrt{\frac{s_x^2}{l} + \frac{s_y^2}{m}}$$

ならば，母集団で 2 つの平均値に有意差があるとはいえない．

▷**例 4** 余暇時間量の男女別比較

生活時間調査で，余暇時間量を男女別に比較すると，

男性（2348 人）で，平均 5 時間 28 分（328 分），標準偏差 2 時間 51 分（171 分），

女性（2652 人）で，平均 5 時間 52 分（352 分），標準偏差 3 時間 01 分（181 分）

であった．男性と女性で余暇時間量に差があるといえるか．

$$2\sqrt{\frac{s_x^2}{l} + \frac{s_y^2}{m}} = 2\sqrt{\frac{171^2}{2348} + \frac{181^2}{2652}} = 10$$

$$|\bar{x}-\bar{y}| = |328 - 352| = 24$$

$$24 > 10$$

ゆえに，男性の余暇時間量と余暇時間量の間には有意差がある．男性の余暇時間量 328 分より，女性の余暇時間量の 352 分のほうが統計的に長い．

10. 分析・報告

　報告書を出すことは，調査者の義務である．調査記録という側面と同時に，調査がきちんと行われていることの証明，すなわち調査結果を利用する人への品質保証といえよう．
　ここでは，①報告書の体裁，②基本的な分析，すなわち単純集計やクロス集計など（報告書にとって）最低限必要な部分，③より深い分析，すなわち継続調査でできる分析や論文化などを目指した分析を，事例とともに紹介する．最後に，④分析結果のまとめ方について述べる．

10.1　報告書の体裁
　報告書は，調査結果の一時的な報告や分析や解釈も含めた報告などさまざまである．報告書の体裁は，調査の内容や報告する目的・相手，あるいは調査者の考え方によって異なるが，一次的な分析の報告書としては次のような体裁が多い．
　(1)　はじめに
　(2)　調査の概要
　(3)　結果の要約
　(4)　調査結果
　(5)　集計結果
　(6)　サンプル構成，不能理由
　(7)　付録
　図書館などで実際の報告書にあたると参考になろう．また，インターネットで公開されている場合もある．
　(1)　はじめに
　ここでは，調査の企画意図や意義を述べる．たとえば，「日本人の意識」調査の場合は，

10. 分析・報告

日本人の意識調査は，日本人の意識変化を長期的に追跡することを目的として，1973（昭和48）年に第1回を実施して以来，5年ごとに同じ構成（質問文，方法，母集団）で行ってきた．として，調査の目的をのべ，加えて，30年の歳月の意味，今回の調査結果をみる焦点と時代背景，30年の変化を分析する意味について述べている．

(2) 調査の概要

これは調査の方法や精度を示すためのもので，必要項目は以下のとおり．

- 調査日：調査開始日から終了日を示す．調査時の社会環境などを参照できる
- 調査対象：住民基本台帳の場合「○○歳から△△歳の国民／県民／住民」など．
  地域調査の場合は母集団を以下のように地域が特定できる表現とする
  例：住民基本台帳の場合 「東京50 km圏内の20歳以上の住民」など，
  　　選挙人名簿の場合 「岩手県の有権者」など
- 調査相手：抽出台帳，抽出方法，標本数，1地点あたりの人数と地点数を示す
- 調査方法：「個人面接法」「配付回収法」「郵送法」「電話法」など
- 調査有効数（率）

▷例　第7回「日本人の意識・2003」調査
【調査の概要】
調 査 日：2003年　6月28日（土）・29日（日）
調査対象：全国16歳以上の国民
調査相手：5,400人（12人×450地点）
　　　　　（住民基本台帳による層化無作為2段抽出）
調査方法：個人面接法
調査有効数（率）：3,319人（61.5％）

(3) 結果の要約

"調査結果"で述べたことで，この調査で得られた成果をコンパクトにまとめたもの．

(4) 調査結果

この部分は，結果の分析の本文であり，報告書の中心である．報告の目的により構成や章だては異なる．たとえば，「第7回日本人の意識」調査の分析報告書である『現代日本人の意識構造（第六版）』(2004)は，質問の領域ごとに章をたて，以下のような構成となっている．

```
Ⅰ  序章  30年という歳月
Ⅱ  男女と家庭のあり方
Ⅲ  政治
Ⅳ  ナショナリズム・国際化・宗教
Ⅴ  仕事・余暇
Ⅵ  日常生活
Ⅶ  生き方・生活目標
Ⅷ  終章  世代の変化
```

(5) 集計結果

調査結果を広く利用してもらうため，質問ごとに単純集計結果（表10.1）や場合によっては基本属性別のクロス表などを掲載する．質問文，選択肢，回答結果の記述について，いくつか注意点をあげておこう．

質問文と選択肢
  ・わかりやすくするために，1行目に「質問タイトル」を表記する
  ・実際に使用した質問文・選択肢で作成する
回答結果
  ・数字の単位を示す（実数であれば「人」，%であればまた「%」をはじめにつける）
該当者分母
  ・100%計算が全体分母でなければ，分母を示しておく
  ・関連質問で該当者分母の結果を表示する場合は，最後の選択肢の次の行に，「（分母＝x,xxx人）」と表示する
0.0%の表示
  ・実数が0の場合も，集計結果が0の場合も，「0.0%」と表示する．「—」は選択肢がなかった場合に使用する．

---

(6) サンプル構成，調査不能理由

サンプルの精度にかかわる情報を示す．

「サンプル構成」については，「性」「年層」「男の年層」「女の年層」「職業」「地域（都市規模や地方別）」別集計結果を基本とし，調査ごとに「学歴」別など必要に応じて追加する．

たとえば，有効サンプル構成の場合は，各項目の「実数」と，調査有効数を分母とした「%」を表記する．

表 10.1 単純集計結果の例

生活目標
第6問 人によって生活の目標もいろいろですが，リストのように分けると，あなたの生活目標にいちばん近いのはどれですか．

	3319 人	100.0%
1. その日その日を，自由に楽しく過ごす	799	24.1
2. しっかりと計画をたてて，豊かな生活を築く	864	26.0
3. 身近な人たちと，なごやかな毎日を送る	1373	41.4
4. みんなと力を合わせて，世の中をよくする	223	6.7
5. その他	5	0.2
6. わからない，無回答	55	1.7

表 10.2 有効サンプル構成，有効率，不能理由の例

(a) 有効サンプル構成

全体	性別		年層 (5歳)											
	男	女	16-19	20-24	25-29	30-34	35-39	40-44	45-49	50-54	55-59	60-64	65-69	70以上
3319 人	1519	1800	187	147	183	242	290	260	240	336	330	312	282	510
100.0%	45.8	54.2	5.6	4.4	5.5	7.3	8.7	7.8	7.2	10.1	9.9	9.4	8.5	15.4

(b) 有効率

	全体	性別		年層 (5歳)											
		男	女	16-19	20-24	25-29	30-34	35-39	40-44	45-49	50-54	55-59	60-64	65-69	70以上
指定サンプル	5400 人	2620	2780	286	363	433	501	489	427	393	489	472	441	377	729
有効サンプル	3319 人	1519	1800	187	147	183	242	290	260	240	336	330	312	282	510
有効率	61.5%	58.0	64.7	65.4	40.5	42.3	48.3	59.3	60.9	61.1	68.7	69.9	70.7	74.8	70.0

(c) 不能理由

全体	不能合計	場所不明	転居	1年以上不在	10日以上不在	10日未満不在	深夜帰宅	外出	自宅療養	拒否	その他	死亡
5400 人	2081	59	210	92	138	272	238	261	102	654	40	15
100.0%	38.5	1.1	3.9	1.7	2.6	5.0	4.4	4.8	1.9	12.1	0.7	0.3

(7) 付録

調査の信頼性の根拠や今後の参考のため，次のようなものを掲載する場合がある．

- サンプリングの方法
- サンプル誤差表
- 調査票，調査協力依頼状，調査員マニュアルなどの調査材料
- 調査スケジュール，調査チーム構成などの調査実施体制

・調査実施を委託した場合，委託した調査会社
・時代の背景

後からこのデータを活用しようと思えば，必要となる最低限の情報は，盛り込んでおきたい．年表や経済指標など調査実施時の時代背景がわかるものをコンパクトにまとめる．「日本人の意識」調査の場合は，表スタイルで30年間の時代の変遷を5年おきに区切り，見開き2ページの表形式にまとめている．

10.2 データをみる

報告書を書きはじめる前に，当然ながらデータの分析をしておかなければならない．エラー補正，集計作業がおわったら，いよいよ分析に入ることになる．ここで十分検討し考察しておかないと，記述する段階で行き詰まり，再度データ分析にもどりかねない．

データ分析は，サンプルの検証，単純集計結果，クロス集計結果といった基本的分析に加え，多変量解析などの付加的な作業をおおむね経由する．

1) サンプルを検証する

集計結果が出て真っ先に見るのは，サンプル構成と不能集計である．全調査データ（指定サンプルとよぶ）の性別，年層別，地域別構成比などの集計結果を，国勢調査結果などと比較して，指定サンプルに偏りがないか見ておく．さらに，調査結果を分析するにあたって，有効率，不能理由，有効サンプルの構成を見ておく必要がある．

指定サンプルに偏りがなくても，有効率が低ければ，有効サンプルの構成に偏りがある可能性が高くなる．また，不能理由も不自然に突出しているものがないか，目を通しておかなければならない．

表10.3に示したのは，2003年の「日本人の意識」調査の指定サンプル構成と有効サンプル構成の表である．それぞれ左側に調査相手人数，右側に全体の中での％を算出してある．一番左側は，直近の国勢調査結果の構成となっている．指定サンプル構成はほぼ国勢調査結果と一致し，国民の縮図となっているといえよう．有効サンプル構成は国勢調査に比べて，20歳代が少なく，50歳以上が多いという結果になっている[*1]．

*1 たとえば，年層別などの構成比が偏る場合に，母集団と構成比を合わせるようにウェイト集計を行って調査結果を算出することがある．しかし，このような補正は，年層別の偏りは修正されるが，他の属性により大きな偏りが生じることがあるので好ましくない．

2) 単純集計結果をみる

　まず，全質問の単純集計結果に目を通し，調査結果の特徴を見ておこう．単純集計結果からは，各調査項目が全体としてどのようになっているか，がみてとれる．必ずしも質問順で見る必要はなく，質問領域別に見たほうがわかりやすい．簡単な図（帯グラフや折れ線グラフ）をつくるといいだろう．調査の企画において第一次的に知りたい分布であり，過去の調査結果と比較したり類似の調査結果と比較したりする．この段階で調査結果の全体像がおぼろげに浮かんでくるであろう．気づいた点はこまめにメモする．

　単純集計に限らないが，世論調査結果はサンプル調査なので，データ（数値）の大小を比較する場合は，検定をする（9章参照）．同じ1％の差であっても，サンプルが何千もあれば，「差がある」といえることが，何百であれば，「差があるとはいえない」場合がある．そして，結果を紹介する場合には，サンプリング誤差を考慮すれば，少数点第1位の数字まで違いをみる意味はないので整数にした結果を使用する．

　生活目標の質問についての2003年の結果を例にみる．この場合最も多い回答は，「身近な人たちと，なごやかな毎日を送る」という「愛志向」（41％）で，「その日その日を，自由に楽しく過ごす（快志向）」（24％）と「しっかりと計画

表10.3　指定サンプル構成と有効サンプル構成（「日本人の意識」調査，2003年）

	2000年国勢調査 %	指定サンプル構成 人	指定サンプル構成 %	有効サンプル構成 人	有効サンプル構成 %
全体	100.0	5,400	100.0	3,319	100.0
16～19歳	5.7	286	5.3	187	5.6
20～24歳	7.8	363	6.7	147	4.4
25～29歳	9.1	433	8.0	183	5.5
30～34歳	8.1	501	9.3	242	7.3
35～39歳	7.5	489	9.1	290	8.7
40～44歳	7.3	427	7.9	260	7.8
45～49歳	8.4	393	7.3	240	7.2
50～54歳	9.8	489	9.1	336	10.1
55～59歳	8.2	472	8.7	330	9.9
60～64歳	7.3	441	8.2	312	9.4
65～69歳	6.7	377	7.0	282	8.5
70歳以上	14.1	729	13.5	510	15.4

表 10.4　生活目標（「日本人の意識」調査，2003 年）

選択肢	略称	％
1. その日その日を，自由に楽しく過ごす．	快志向	24
2. しっかりと計画をたてて，豊かな生活を築く．	利志向	26
3. 見近な人たちと，なごやかな毎日を送る．	愛志向	41
4. みんなと力を合わせて，世の中をよくする．	正志向	7
5. その他		0
6. わからない．無回答		2
	(3319 人)	100％

をたてて，豊かな生活を築く（利志向）」（26％）については，有効数が 3,319 人として計算すると，差があるとはいえないという検定結果（互いに従属なパーセントの差の検定）となり，どちらが多いということはできない．

3）　クロス集計結果をみる

調査結果を見ていると，さまざまな疑問がわいてくる．なぜ，ある意見への賛成が多いのか，多数派である考え方と矛盾するのではないか，一方でこういう態度が少ないのはなぜか，…など際限がない．

調査結果をさらに細かく，属性や質問項目どうしの関係を示すことができるのがクロス集計表である．たとえば，基本属性（性，年齢層，地域，学歴，職業などの回答者の属性を表す質問項目や支持政党など）によって意識や態度について回答傾向に違いがあるかなど，質問項目との関連を分析するために集計した結果である．

基本属性別（性・年層など）のクロス集計を見ることによって，若年齢層と高齢層の意見が大きくちがうことがわかったりする．次に，その質問と関係しそうな質問とのクロス集計表を見ていく．これによって質問どうしの関係性がわかる．つまり意見や意識の関係が見えてくる．

なお，単純集計と同様にクロス集計を読む場合も検定を行う．とくにクロス集計の場合，クロスする層の大きさ（年層別に見るなら，16〜19 歳といった各年層ごとの全体の人数）に注意する必要がある．層が小さくなればそれだけサンプリング誤差が大きくなる．とくに，層の大きさが 100 に満たない場合は，参考値として見るに留めるなど，分析にあたっては注意する．

「日本人の意識」調査で具体的に見てみよう．生活目標が年齢層によって，どう変わるのかを見たのが表 10.5，それをグラフ化したのが図 10.1 である．表

の％の表示の仕方は，各層ごとに回答の分布を見た縦100％となっている．表の数字を年層ごとに縦に比較した分析，また，「各回答がどの年層で低いか，高いか」を横に比較した分析から，次のようなことがわかる．

まず，年層ごとに最も多い回答を見ると，10代は快志向だが，20代前半では，快志向，利志向，愛志向が肩を並べ，20代後半になると愛志向が最も多くなる．そして，ずっと愛志向が最も多い状況が続く．

また，ある考え方がどの年層で高いか低いか，つまり横に比較してみるのも意味がある．これには，層別クロス表（表10.5）の場合の検定マーク（ここでは網かけで記した）を見ていくとわかりやすい（この検定については9.3節の

表10.5 生活目標（年層別）

	全体	16-	20-	25-	30-	35-	40-	45-	50-	55-	60-	65-	70歳~
	3319人	196	158	187	253	308	274	260	364	356	351	313	582
その日その日を，自由に楽しく過ごす〈快志向〉	24%	41	33	24	18	15	9	14	21	25	24	29	35
しっかりと計画をたてて，豊かな生活を築く〈利志向〉	26	23	30	30	34	31	34	27	30	29	30	18	11
身近な人たちと，なごやかな毎日を送る〈愛志向〉	41	32	30	44	43	48	52	50	41	38	33	41	40
みんなと力を合わせて，世の中をよくする〈正志向〉	7	3	5	2	3	5	4	6	7	8	10	8	11
その他	0	0	0	0	0	0	0	0	0	0	0	0	0
わからない，無回答	2	2	2	1	1	1	2	2	1	0	2	3	2

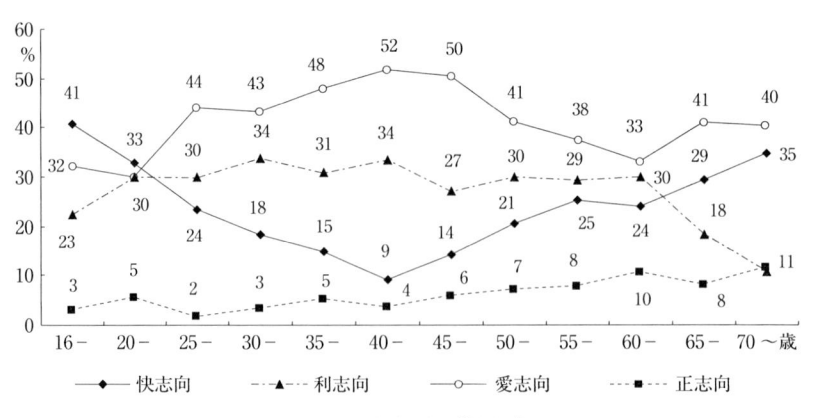

▨ は他と比べ，高い　　▨ は他と比べ，低い（信頼度95％）

図10.1 生活目標（年層別）

3）を参照）．快志向が多いのは20代前半までと65歳以上で，少ないのが30代から40代である．利志向は30代から40代前半にかけて高い．結婚して家族ができることで，将来に備える意識をもつ人が多くなるのであろう．また，愛志向も30代後半，40代で多くなる．子育てが生活の中心であることがうかがえる．正志向は，60代以降が高く，仕事も一段落して，社会へ目を向ける人が多くなったといえよう．生活目標の考え方に家族がいるか，子育て中か，仕事をしているかなど個人のライフステージが影響しているのがわかる．

10.3 より深い分析を行う

継続調査（時系列調査）からは，単発調査だけからは得られない，時系列比較などの多彩な分析が可能となる．ここでは，継続調査である日本人の意識調査の分析を例に，その一端を紹介しておきたい（日本人の意識調査については付録Aを参照のこと）．

1） 経年変化を追う

まず，注目するのは単純集計結果である．下記は，7回の調査結果を表10.6に示した．表だけだと全体がつかみにくいものだが，たとえば，時系列の結果を，図10.2で見ると，次のようにわかりやすくなる．

生活目標の4つの選択肢は，2つの軸から構成され，それぞれの軸の組み合

表10.6 生活目標（時系列）

第6問　生活目標（時系列）
人によって生活の目標もいろいろですが，リストのように分けると，あなたの生活目標にいちばん近いのはどれですか．

	略称	'73年 4,243人	'78年 4,240人	'83年 4,064人	'88年 3,853人	'93年 3,814人	'98年 3,622人	'03年 3,319人
1. その日その日を，自由に楽しく過ごす	快志向	21	20<	22<	25>	23<	25	24<
2. しっかりと計画をたてて，豊かな生活を築く	利志向	33	31	32>	29	29>	26	26>
3. 身近な人たちと，なごやかな毎日を送る	愛志向	31<	35	35<	39	40	41	41<
4. みんなと力を合わせて，世の中をよくする	正志向	14	13>	9>	7	7	7	7>
5. その他		0	0	0	0	0	0	0
6. わからない，無回答	DK, NA	2>	1	1	1	2	1	2

＊調査年の下に分母の人数を示す．その他の数字はすべて％を示す．
　不等号（><）は，前回の比率との検定結果（信頼度95％）であり，<は前回より高く，>は前回より低いことを示す．
　また，右端の不等号は左端の調査と'03年の比較である．

```
          快：自己欲求の即時的充足        現  愛：社会（他者）欲求の即時的充足
      「その日その日を，自由に楽しく過ごす」 在 「身近な人たちと，なごやかな毎日を送る」
                                        中
                                        心
        21  20  22  25  23  25  24 %     31  35  35  39  40  41  41 %

       1973 1978 1983 1988 1993 1998 2003年   1973 1978 1983 1988 1993 1998 2003年
自己本位 ─────────────────────────┼───────────────────────── 社会本位
         利：自己欲求の長期的充足           正：社会（他者）欲求の長期的充足
        「しっかりと計画をたてて，            「みんなと力を合わせて，
           豊かな生活を築く」                    世の中をよくする」

        33  31  32  29  29  26  26 %  未  14  13   9   7   7   7   7 %
                                      来
                                      中
       1973 1978 1983 1988 1993 1998 2003年 心 1973 1978 1983 1988 1993 1998 2003年
```

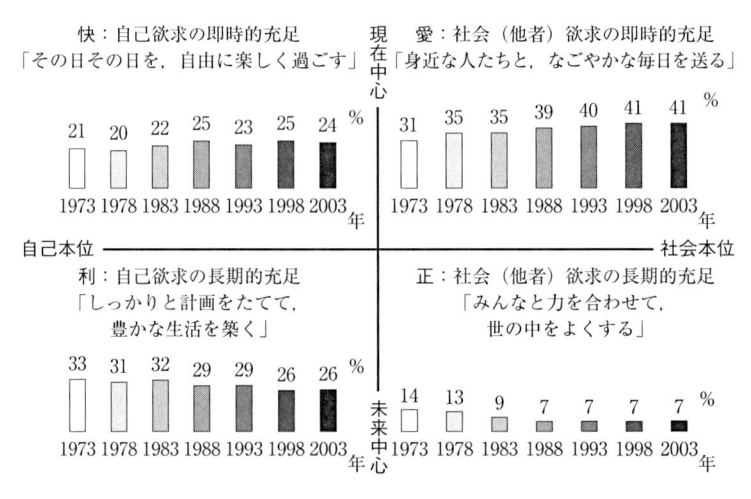

図 10.2　生活目標

わせに対応している．1つは今のことを中心に考えるか，未来の結果を中心に考えるかという時間の軸であり，もう1つは自己の欲求を重視するか，社会とのつながりを重視するかという社会への広がりの軸である．

　最も多いのは「現在中心・社会本位」の考え方である愛志向（「身近な人たちと，なごやかな生活を送る」）で，4割を占めている．

　愛志向と快志向は増加の傾向にあり，利志向，正志向は減少の傾向にある．ただし，この5年ではいずれも変化していない．

　「現在中心－未来中心」の軸でみると，1973年には現在中心（＝快＋愛）がやや多い程度だったが，両者の差はしだいに開き，現在では3分の2が現在中心である（図10.3）．

　生活目標で，愛志向，快志向といった現在中心の意識が増加したが，ライフステージとはどのように関連しているのであろうか．

　まず，生活目標について，現在中心か未来中心かの年層別の結果（図10.4）を見ると，1973年には30代や40代では未来中心のほうが高かったが，30年間に中年層の意識が現在中心の方向へ大きく動いた．

　その結果，現在ではどの年層でも現在中心が優位で，20代から50代まで，ほぼまっすぐな線になっている．中年層のこの「現在中心」への転換は，経済状況が変化したことと関係していると考えられる．

　このように，年層別の意識を過去と比較することで，現在の年層別の意識が

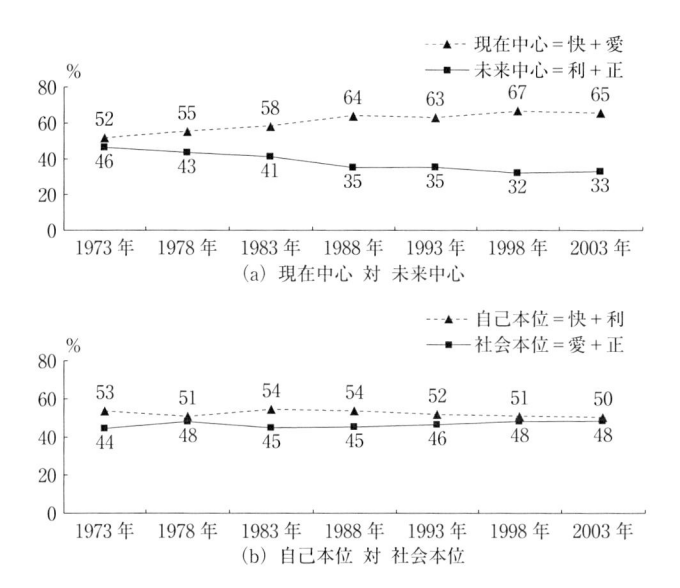

図10.3 生活目標の2つの軸

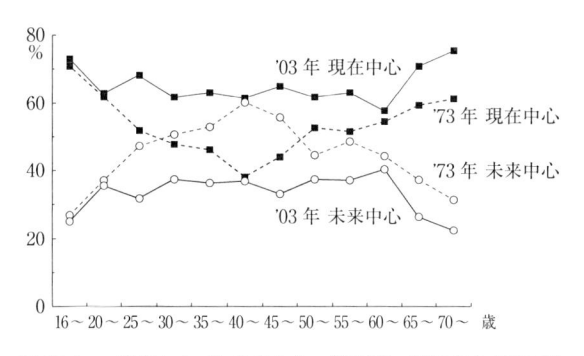

図10.4 現在中心 対 未来中心（年層別，1973年と2003年）

経済状況の変化とかかわっている，と考察することが可能となる．

2) 同一世代を追跡する

　未婚の若い人たちの男女関係（婚前交渉の是非）について，4つの選択肢を示して聞いた結果が図10.5である．「愛情で可」が増加し，「不可」が減少するという傾向が続き，1993年以降「愛情で可」がトップで，2番目の「不可」との差を広げている．

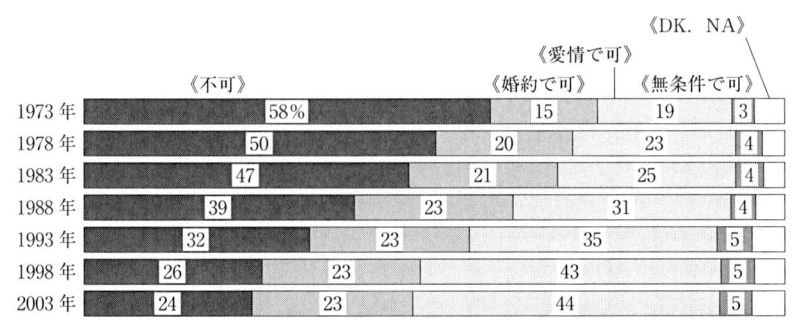

	《不可》	《婚約で可》	《愛情で可》	《無条件で可》	《DK, NA》
1973年	58%	15	19	3	
1978年	50	20	23	4	
1983年	47	21	25	4	
1988年	39	23	31	4	
1993年	32	23	35	5	
1998年	26	23	43	5	
2003年	24	23	44	5	

《不　　可》＝結婚式がすむまでは，性的まじわりをすべきでない
《婚約で可》＝結婚の約束をした間柄なら，性的まじわりがあってもよい
《愛情で可》＝深く愛し合っている男女なら，性的まじわりがあってもよい
《無条件で可》＝性的まじわりをもつのに，結婚とか愛とか関係ない

図 10.5　婚前交渉について（時系列変化）

「不可」と「愛情で可」について，その割合を年層別に 30 年間の変化を示したのが下の図 10.6 である．年層別のグラフでは，「愛情で可」は年層が若いほど高くなっていて右下がりであるが，調査が新しくなるほど，上へシフトし，増加している．逆に「不可」は，年層が高いほど高く，調査が新しくなるほど，下へシフトし減少している．このように，年層別のグラフでは性意識は年層で考えが異なり，調査時期によって，線の位置が大きく動いている．時代が進むほど結婚にとらわれない，開放的意識が広がっていると読める．

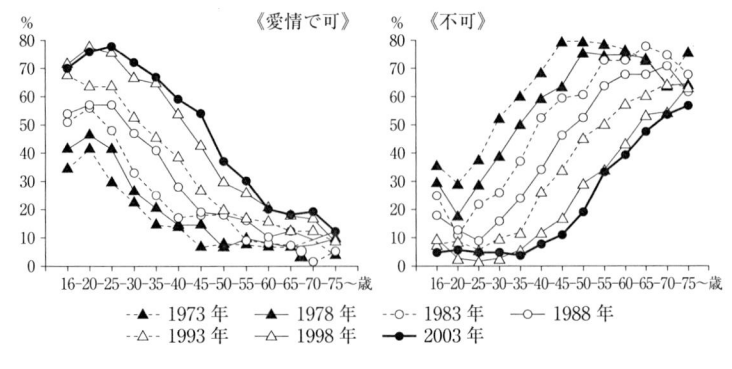

図 10.6　婚前交渉について（年層別）

10.3 より深い分析を行う　　　　　　　　　　　　　　　　　　　　159

```
  %                                              %
 80 ●●                                          80                    ▲▲▲   ▲
 70 △●▲△                                        70                  ○  ●△○●▲●
 60     △△  《愛情で可》                         60                 ●○△●△      ○
 50       ●●                                    50               △○
 40         △▲●                 《不可》         40              ●
 30           ●○                                30            △●○
 20             ▲△●△                            20          ●●▲
 10               ○△●●○▲                       10        ●○▲
  0                  ○  ▲                        0   ▲●●●○△▲
    84 79 74 69 64 59 54 49 44 39 34 29 24 19 14 09 04 18991894 生     84 79 74 69 64 59 54 49 44 39 34 29 24 19 14 09 04 18991894 生
    -88-83-78-73-68-63-58-53-48-43-38-33-28-24-18-13-08-1903~           -88-83-78-73-68-63-58-53-48-43-38-33-28-24-18-13-08-1903~
```

　　--▲--　1973 年　　　──▲──　1978 年　　　--○--　1983 年　　　──○──　1988 年
　　--△--　1993 年　　　──△──　1998 年　　　──●──　2003 年

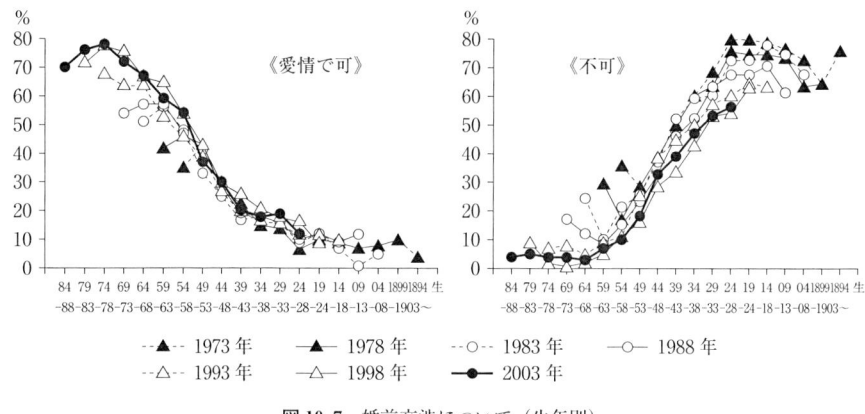

図 10.7　婚前交渉について（生年別）

　しかし，同じ調査結果を生年別にみると，まったく違った図となる．生年別のグラフ（図 10.7）の線はほぼ重なっており，性意識が生まれ年＝世代によって決まっていることがわかる．「不可」という考えは，後に生まれた世代の人ほど減少し，「結婚」という社会的な制度の枠にとらわれない方向へと，時代の影響を受けて変化している．

　単年度の結果だけを見たのでは，年層によって意識が違うことしかわからないが，生まれ年ごとに継続調査で比較することで世代で意識が決まっているのがわかる．「不可」が多数の戦争世代が退場し，「愛情で可」が多数の団塊ジュニア，新人類ジュニア世代が登場することで，全体の意識が「不可」の減少，「愛情で可」の増加へと変化している．

　「年をとれば意識が変化する」と思われていることが，実は，「生まれ育った時代を同じくした世代による意識」であることが，継続調査の分析から見えてきたりする．

3）　多変量解析とその活用例

　多数の単純集計結果やクロス集計を丹念に見てきたが，これらを包括的に見るのに，有効な手法が多変量解析である．多変量解析は，目的（基準変数）と説明変数によって，手法が規定される（表 10.7）．ここでは，例として，数量化Ⅲ類をとりあげる．

　数量化Ⅲ類とは，多数の回答に共通して認められる根源的な要因（特性尺度）を統計学的に導き出す手法である．日本人の意識調査を実施するたびに，同じ選択肢で数量化Ⅲ類による分析を実施してきた．これまでに，基本的な要因と

表 10.7 多変量解析の方法別特徴

			説明変数	
			質的	量的
基準変数	あり	質的	数量化II類	判別関数法
		量的	数量化I類	重回帰分析
	なし		数量化III類	主成分分析
				因子分析
				共分散構造分析
				数量化IV類
				クラスター分析

して,「伝統志向-伝統離脱」,「あそび志向-まじめ志向」の2つが抽出分析されており,2003年調査でも同様の結果が得られている.変数の位置から読み解く軸の意味は毎回同じであった.そこで,7回分のデータを一緒に分析にかけることで,生まれ年別の位置を軸上に描き,位置から世代を分類するということを試みた.

各質問の回答は,それぞれ要因尺度上に数値を与えられる.たとえば,婚前交渉について「不可」という回答は,第1に有力な要因尺度＝I軸では-1.83,第2の要因尺度＝II軸では-0.12というような値(得点)が計算される.これを平面に図示したものが,図10.8である.また,調査対象者ごとに,回答の仕方から,各軸(要因特性値)の得点合計も計算でき,それを男女別や年齢別などで平均得点を算出することもできる.

まず,横軸についてみると,横軸の左方には,政治的有効性感覚は強く,天皇に対して尊敬の念をいだき,婚前交渉は不可,お祈り・おつとめの宗教行事を行い,結婚後の名字は当然夫の姓,支持政党は自民,父親として子どもに模範を示すべきであるなどの回答が集まった.

横軸の右方には,政治的有効性感覚は弱く,天皇には反感,または無感情,婚前交渉は愛情で可あるいは,無条件で可,宗教的には無行動,結婚後の名字はどちらが改めてもよい,別姓でよい,支持政党はなし,父親と子どもは親しい仲間のような関係が望ましいなどの回答が目に付く.

以上のように,横軸の左方は,ほぼ伝統的な権威・価値や規範への接近・支持を示すのに対し,右方はそれに対する対抗的な権威・価値・規範の提示でなく,それらからの離脱を示している.これらの内容からみて,横軸すなわち,統計的に導き出されたI軸の意味は,「伝統志向-伝統離脱」と考えることがで

10.3 より深い分析を行う

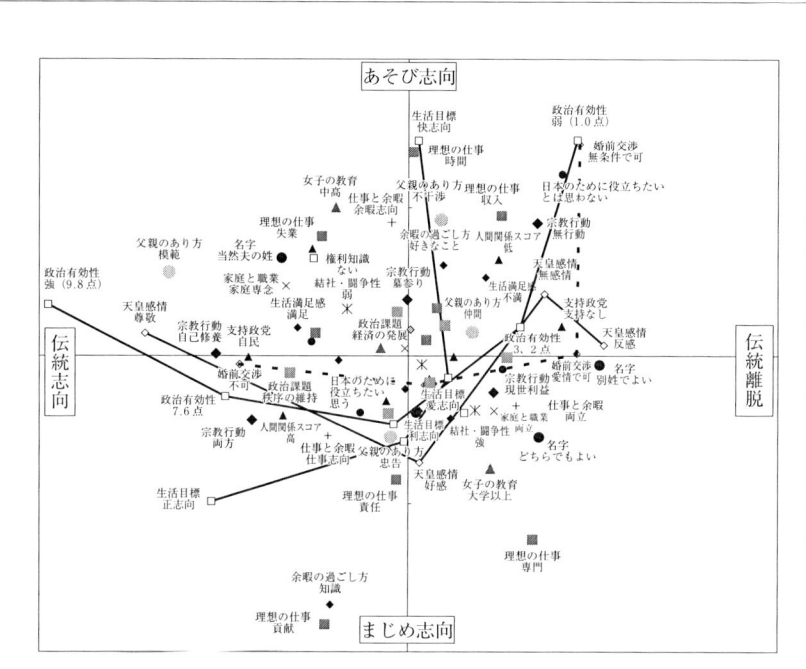

●使用した項目は，7回に共通する質問選択肢で，全22問，81選択肢である．政治的有効性感覚，結社闘争性など，数問でセットとしている質問については，スコア化してまとめている．軸に対して重要な質問の選択肢を線で結んでいる．

- ◆ 生活満足感まとめ
- ─□─ 生活目標
- ● 名字
- × 家庭と職業
- ○ 父親のあり方
- ● 能率・情緒スコアまとめ
- ▲ 人間関係スコアまとめ
- ■ 理想の仕事（一番目）
- ● 余暇の過ごし方（現状1番目）
- ＋ 仕事と余暇まとめ
- ▲ 女子の教育まとめ
- ● 宗教行動パタン
- ─●─ 婚前交渉について
- × 結社・闘争性スコア
- ● 日本は一流国だ
- □ 権利知識パタン
- ▲ 外国から見習うべきことが多い
- ── 天皇に対する感情
- ▲ 支持政党まとめ
- ─○─ 政治的有効性スコア
- ■ 政治課題

●分析対象は全有効サンプル中，分析でとりあげた22の各質問いずれにも「その他」「無回答」と答えなかった人

内訳						
第1回	第2回	第3回	第4回	第5回	第6回	第7回
2751人	2747	2875	2620	2647	2531	2265

●相関係数　　第Ⅰ軸　0.375　　　第Ⅱ軸　0.289

図 10.8　日本人の意識の数量化Ⅲ類による分析例
（1973〜2003年 7回分 合計 18436人）

きる．

　次に縦軸について見てみよう．下方に，理想の仕事は「世の中のためになる（貢献）」ことや「専門知識や特技が生かせる（専門）」，「責任者として，さいはいがふるえる（責任）」ことであり，余暇の過ごし方は「知識を身につけたり，心を豊かに（知識）」し，正志向を生活目標とし，これからは女子にも「大学」教育を受けさせたいと考える，などの回答がみられるのに対し，上方には，理想の仕事は「働く時間が短い（時間）」ことや「高い収入が得られる（収入）」ことであり，快志向が生活目標で，政治的有効性感覚は「弱」く，女子の教育程度は「高校」でよく，日本のために役に立ちたいとは「思わない」などの回答がきている．

　縦軸の下方が未来，他者に傾斜した目標志向性が強いのに対し，上方は現在，自己に傾斜した，遊びと快を求める快楽志向である．こうして，この縦軸を「社会的価値」，広い意味でのまじめ志向と，「私的自由」，広い意味でのあそび志向と解釈することができよう．これらからみて，縦軸すなわちⅡ軸の意味は，「あそび志向–まじめ志向」と考えことができる．

　Ⅰ軸の「伝統志向–伝統離脱」とⅡ軸の「あそび志向–まじめ志向」は，1978年調査（第2回）の分析で見出された軸であり（NHK放送世論調査所，1979），今回の7回を通した結果でも軸の意味は変わっていない．日本人の意識構造を支える2つの軸は，基本的には変化していないといえよう．

　次に，世代別の特徴を探るため，意識から見て同質的な世代の分類をしてみる．まず表には，5歳刻みの生年ごとの各軸の平均値を表示してある．この平均値のⅠ軸，Ⅱ軸のそれぞれの平均値から，類似している生年グループをまとめ6つに分割した．結果的にはおおよそ15年区切りで分割することになった（表10.8）．

　30年間，7回の調査で，各世代の意識は意識構造の平面上でそれぞれ，どのように変化したか，各世代ごとに両軸の平均値を調査年ごとに追ったのが図10.9である．

　まず，各世代の位置は調査年ごとに移動しているが，その度合いは小さく，30年経ても各世代内の意識の変化はそれほど大きくはないのがわかる．つまり，各世代の人びとは30年の間同じ時代の空気を吸い，年を重ねて生きてきても，若い頃の考え方が構造上そう変わるものではないといえよう．

　また，世代間の位置関係に注目すると，戦争世代，第一戦後世代までと，団

10.3 より深い分析を行う

表 10.8 意識構造による世代区分

生年	平均得点		世代区分名称
	Ⅰ軸	Ⅱ軸	
－1898	－0.54	0.11	
1899－1903	－0.51	0.05	
04－08	－0.50	0.10	
09－13	－0.50	0.05	
14－18	－0.43	0.02	戦争
19－23	－0.37	0.02	
24－28	－0.33	0.01	
29－33	－0.23	－0.03	
34－38	－0.13	－0.02	第一戦後
39－43	－0.05	－0.03	
44－48	0.07	－0.01	
49－53	0.15	－0.01	団塊
54－58	0.23	－0.02	
59－63	0.26	0.00	新人類
64－68	0.29	0.02	
69－73	0.34	0.06	
74－78	0.35	0.08	団塊ジュニア
79－83	0.41	0.09	
1984－87	0.36	0.04	新人類ジュニア

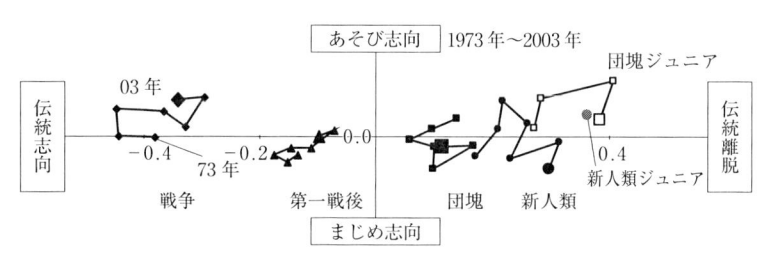

図 10.9 意識構造上の各世代の位置（各調査年別）

塊の世代以降では，Ⅰ軸での位置が左右に分かれ，世代間では意識差が大きいことが見てとれる．世代間では意識の隔たりはなくなるものではないといえよう．

世代間の意識の違いを，「伝統志向－伝統離脱」軸による数値の差でみると，

16歳から19歳の子供と親との関係は，1973年では，「第一戦後世代と新人類世代間」0.31，1988年では「団塊世代と団塊ジュニア間」0.17，2003年では「新人類世代と新人類ジュニア間」0.07と差は縮まってきている．最新の2003年での親子関係は，30年前とは比べ物にならないほど接近している．

2003年の世代間の平均得点の差を計り，距離の大きい順に並べると，「戦争世代と第一戦後世代間」，「第一戦後世代と団塊世代間」，「団塊世代と新人類世代間」，「新人類世代と団塊ジュニア間」となっている．そして，共通してテレビで育った「新人類世代と団塊ジュニア間」での意識差がとくに小さくなっている．

このように数量化Ⅲ類の分析から，世代を析出し，Ⅰ軸，Ⅱ軸上に世代の時系列変化を描くことで，日本人の意識の将来を考察する足がかりとなる興味深い結果が得られた．

10.4　報告書を書く
(1)　データを考察する，まとめる
クロス集計を見終わった段階で，多数のメモやアイデアが得られるであろう．これらは当面の目的（報告）に役立つものもあれば，ないものもある．この中から意味のある（役に立つ）ものを選んでまとめていく．この作業は知識や技術というより，創造性にかかわる部分であり，調査者の個性ともいえる．一般的には，質問領域ごとにおもな単純集計結果とその理由などがある程度説明できるまで考える．質問していない項目や領域を他の調査や文献を調べて補い，整合性ある説明を考える．

(2)　骨子をつくる
いよいよ文章を書く段階になる．ここまでにデータのまとめが終っていなければならない．また，改めて調査の企画書を読み返すのもいいだろう．報告の構成は，質問領域により3～4章程度に分け，それぞれの章ごとに骨子をつくる．骨子はできるだけ単語ではなく簡単な文章にしておく．

(3)　図表をつくる
文章を書く前に，図表を作成する．図表は文章で説明するより理解しやすい場合があるし，データの正確な提示にもなる．図は錯視が生じないよう，帯グラフや棒グラフなど単純でわかりやすいものにする．表には「人，%」を表示し，計算の根拠となる分母を表示する．調査結果の検定の計算には，この母数

が必要となる．

(4) 記述する

骨子にそって文章を書いていく．常に報告相手が理解できるようわかりやすく書く．記述にあたっては次に注意すべきである．

％の大小や増減，関係性の有無などは統計的検定を経ているはずである．必ずしも形式にこだわる必要はないが，感覚だけで大きい（小さい）など表現すべきではない．「何が言いたいか」，「データではどこまで言えるか」を明確に意識して記述する．また，他の調査結果にも目をとおし，調査結果の裏づけなどを確認する．

最後に，調査の成果をまとめる．そして，成果に至らなかったことなどや改善点などにふれられれば，次に調査や分析をする人の貴重な教訓となるであろう．さらに，成果を踏まえて推論できれば，調査報告に厚みがつく．

報告はデータ分析に基づくものであり，データ分析は調査質問によるものであり，それはもともと，調査者の調査企画案に基づいている．すなわち，報告の優劣は記述の問題ではなく，調査企画の問題なのである．この意味から企画は十分に検討して準備されるべきであり，この段階ですぐれた報告は準備されているのである．

付　　録

A. 継続調査の企画：「日本人の意識」調査を例に

A.1　継続調査について
1）継続調査とは

　継続調査とは時系列調査という場合もある．すなわち，時間による変化を把握するための調査であり，一般的には毎年あるいは5年おきなど，一定の間隔で同一の調査内容で実施する調査である．調査は調査条件が変われば結果も変わるため，原則として調査時期（時間要素）以外の調査条件（質問内容や調査方法など）は同一である．なぜなら，調査結果に変化が見られたとき，調査条件が変わっていたら，それが時間のせいなのか，調査条件のせいなのか，識別できないからである．

　調査はあくまでも現在を反映するものである．しかし，それが継続されれば過去から現在に至る変化が読め，そして変化のルールが読めれば将来を見通すことが可能な場合もある．単純な例でいえば，年齢別の人口構成をみれば将来の高齢化社会は容易に予測できる．過去の調査結果の傾向が将来でもそのまま適用できる保証はないが，一般的な関係性から将来を見通せる場合があるだろう．

　「日本人の意識」調査では，「結婚観」のように世代と意識（結婚観）が結びついているものが認められた．古い世代から新しい世代に世代交代することで将来的に日本人の結婚観が変化することが予測できるのである．

　つまり，1回だけの調査ではわからなかった関係性が，継続調査として見ることで，明らかになることも少なくない．この関係性を頼りに将来への指針を得ることもできるのである．こうした将来への展望の可能性が，継続調査の重要な意義のひとつなのである．

2）おもな継続調査

　日本の三大社会調査といわれている調査は，国民性調査（1958年以来，統計数理研究所が5年おきに実施），国民生活時間調査（1960年からNHK放送文化研究所が5年おきに実施），社会階層と社会移動全国調査（SSM調査；1955年以来，日本の社会学者によって，10年に一度行われている）である．いずれも半世紀以上の長期にわたり継続的に実施されてきている．

　「日本人の国民性調査」は，日本人のものの見方や考え方とその変化を，社会調査によってとらえようとすること，さらに統計調査手法や統計的方法の研究していくことを目的としている．第二の「国民生活時間調査」は，現在の日本人の生活を"時間"という観点からとらえようというものである．それぞれの行動に焦点を当て，睡眠や家事・仕事，また自由時間やメディア利用などの現状と変化を明らかにし，テーマに

そって現在の社会の実情と課題を分析している．第三の「社会階層と社会移動全国調査（SSM調査）」は，日本社会における社会階層と社会移動に関する調査で，半世紀にわたって比較分析の可能なデータを蓄積してきた例は世界でもめずらしい．いずれの調査でも，調査を継続することで，多くの興味深い知見を得ることを目指している．

これらのうち，意識調査は「国民性調査」だけであるが，当初から継続調査を前提としていたわけではなかった．「当初，『国民性』が短期変動することは予期せず，1958年調査では項目を変えたが，前回との共通項目のなかで回答変動を見出し，以降，同一項目による継続調査の重要性を認識した」（吉野，2008）という．

継続調査の歴史は古く，戦後まもない時期に「読書世論調査」（毎日新聞，1947年）が実施され，その後「日本人の国民性調査」（統計数理研究所，1953年），「国民生活に関する世論調査」（内閣府政府広報室，1958年），「時事世論調査」（中央調査社，1960年）など多くの調査が実施された．

NHK放送文化研究所では，これらの調査よりは後発ながら，日本人の意識の基本特性の現状と長期的変貌をとらえうるような「指標」の設定を目指し，「日本人の意識」調査を1973年から5年おきに実施してきた．その調査結果は，「70年代以降の日本人の意識変化を考えるときのスタンダードになっている」（吉見，2009）などとして多方面で活用されている．

A.2　継続調査の企画

「日本人の意識」調査の特徴は，長期的な視野で意識を総合的，構造的にとらえようとしていることである．ここではその企画過程を紹介することで，それがどのように実現してきたのか見ていく．

まず，企画者は日本人の意識特性というものを構造的にとらえようと，関係文献を読み込み，体系的に整理した．そしてこれに基づき質問文を作成し，調査票に結実させた．さらには，プリテストを実施し，意識の指標とその調査方法の最終案を策定している．調査に至る過程の記録は，日本人の意識調査のみならず，継続調査の企画にあたっての貴重な資料といえよう．

このうち質問の作成過程をみると，つぎのようなことが行われた．

1) 「日本人の意識」の基本的特性の規定

多岐にわたる日本人の意識特性とは何かをまず明らかにせねばならない．しかもその特性の論述に留まるのではなく，統計調査で測定できるよう指標化する必要がある．そのために意識特性選定のための次の5つの基準が設定された．

（1）主要な意識の領域をカバーする

あらかじめいくつかの領域に限定することをせず，大きく分類して，基本的価値，政治，社会，家族，コミュニケーションの5つとする．

（2）意識の特性を構造的にとらえる

個々の意識の特性を断片的に羅列するのではなく，それらが相互に関連しあった構造としてとらえるように努める．

（3）長期的な変動が見込まれるものを選ぶ

今後の変動が予測されない自明の事柄や，変動が考えられてもゆれの激しい（＝時事的な出来事によって手軽に変動してしまう）気分的な意識は除き，持続的・根底的な変化のあるものが望ましい．

(4) 社会的影響力の大きい意識の特性を選ぶ

その特性が変化するにせよ，持続するにせよ，社会的に大きな影響力があるもの（たとえば，国政選挙で投票することの有効性感覚）を優先する．

(5) 統計調査法により測定可能なものであること

最終的に，ランダム・サンプリングによる大量の調査相手にむけた，時系列意識調査を完成させるのが目的であるから，統計調査量により，変化（または不変）が数量的に確かめうるものでなければならない．

2) 質問文の作成

次に，この意識特性を選定・整理し，質問項目として具体化するための指標を作成している．たとえば，基本的価値では「快・利・愛・正」という生活目標の4類型，「能率志向・情緒志向」の軸，政治では「政治的有効性感覚」の強弱や「結社・闘争性」，社会では人間関係における「全面的・部分的・形式的」という三類型や「労働と余暇」の重視関係，家族では「理想の家庭像」や「男女平等」「性別役割分担意識」，コミュニケーションでは「テレビの必要性」などである．

最後に，指標にそって具体的な質問文が作成された．各指標の質問は，できる限り具体的状況を設定し，調査相手全員がその状況におかれたと仮定したうえで自分の考えを選択することにより，抽象的な意識特性が具体的に表現できるように配慮された．しかも，その設定した状況が長期にわたる調査に耐えうることを考慮している．これらの質問文はプリテストを実施しさらに検討が加えられている．

また，「尺度構成法」の理論と方法を世論調査でも活用することを考え，数問を用いて尺度を構成し，その合計点でスコアを作成し，いくつかの質問や尺度を組み合わせてパターンを構成するなどして，より緻密で安定性のある指標の作成が心がけられた．

A.3 継続調査の実施

継続調査によって長期的な変化をとらえるためには，単に調査票だけでなく，調査実施計画全般をできるだけ均一なものにして，長期にわたり継続・実施していくことが必要であり，その基本方針を調査研究機関が組織として堅持し続けることが必要である．そのため，実際の調査にあたり維持継承してきたことがらは次のとおりである．

(1) 調査相手

16歳以上の国民，5400人（12人×450地点，層化無作為2段抽出）とする．

16歳以上としたのは，義務教育を終了したと考えられる日本国民を対象としたためであり，サンプルサイズを5400人としたのは，5歳ごとの年齢別推移など分析上の必要性を考慮したためである．これらの基準の他，抽出台帳，抽出時期などサンプリング方法についてもできる限りの均一化を図る．

(2) 調査時期

5～7月とする．季節，曜日，国政選挙などの社会・政治情勢を考慮し，できる限り

均一の条件の時期を選定する．
　(3) 調査員への指示
　調査員の属性を各回均一にするのは困難であるにしても，調査員に対して各回同一の指示を与え，調査に向かわせるよう配慮する．
　(4) 調査材料の均一化
　「調査票」「回答項目リスト」だけでなく，「実施細目」「協力依頼状」などの材料についても，重大な支障のない限り，同一内容のものを使用し，変更を加えないこととする．
　(5) 調査方式の固定
　訪問個人面接法による．
　(6) その他
・以上の条件の均一化を図るために，NHK がその組織を通じて実施する．
・調査の実施状況を記録し，各回の結果を比較する際の参考とする（調査不能の内訳，調査員の属性構成，調査員と調査相手との関係，質問所要時間，調査協力程度，監査結果など）．
・調査の名称も統一を図る．『日本人の意識・○○○○（西暦年）』

これらはおおむね守られたが，変更点として以下があげられる．
① 1983 年，1993 年，1998 年の 3 回は，国政選挙と時期が重ならないように，調査時期を 9 月，ないし 10 月に変更している．
② 調査のつど，調査項目の修正追加の検討が行われたが，大きな変更はない．1983 年調査以降「テレビの機能認識」を，欠かせないコミュニケーションに変更したことと「政治知識の時事面」を削除したこと，1993 年調査以降「結婚観」と「国際感覚」を追加したことにとどまっている．
③ プライバシーやセキュリティー意識の高まりなどによる調査拒否を減らすために，2008 年は，協力依頼状に調査相手の選ばれ方や調査結果の取り扱いについてなどの説明を追加している．

A.4　継続調査の現状と今後
1)　継続調査の現状

　継続調査に大切なのは，いかに長期に耐え，変化が見込める質問を作ることができるかという点である．そして，当初は変化がなくても，突然変化がはじまる場合もある．継続調査としたら，質問，選択肢の微々たるところでも変えないようにしなくてはならない．
　しかし，調査全般にいえることだが，調査の実施がしだいに困難になりつつある．平日の昼間の在宅率の低下，オートロック式マンションの増加，プライバシー意識の高まり，訪問販売の悪質化などにより，調査相手に会う困難さが増す一方である．そのため，調査有効率はかつて 80％をこえていたのが，35 年経って 60％近くにまで落ちている．しかも，年層別に見てどの年層も同じ比率で減ったのではなく，若い人の有効率の低下が大きい．

また，長期間に社会は変化し，質問がわかりにくくなることが生じる．たとえば，1970年代当時は大きな社会問題だった「公害」は，現在はあまり新聞などで目にしなくなり，その場面を想定することが困難な人もでてきている．「公害」の場面設定をした質問をしても，かえって質問をわかりにくくしてしまうことになる．一方で，この調査がそれを乗り越えているのは，「住民の生活を脅かす公害問題が発生したとします」という場面設定の説明があり，それで質問の趣旨を理解してもらえているのであろう．

2) 新たな継続調査を目指すには

このように，長期にわたる継続調査が，困難な状況に直面するのは必然といえよう．しかし，調査結果は2003年まで一方的に変化していたのが，それ以前の状況に戻ってきている質問があり，新たな局面を迎えている．この局面が今後どう変化するのか，それはどうしてなのか，調査結果への興味はつきない．日本人の意識調査は，高度経済成長の最後から今日に至る日本人の意識の歴史の記録でもある．この調査を継続することにより，この貴重な財産の価値をさらに高めるのは，調査を引き継いだ者の使命ともいえよう．

とはいえ，この不透明な時代に人びとの価値観は今後どのように変化していくのか．新たな視点での継続調査も待たれる．将来を長期的に見通せる継続調査を企画するためには，将来社会への展望が必要である．まずは将来社会への仮説を立てるという障壁に直面する．新たな継続調査が立ち上げられるかどうかは，この未来を見据えた新たな仮説がたてられるかどうかにかかっていよう．

最後にこの調査結果の利用方法について簡単にふれておこう．調査結果はニュースや番組で放送された後，「放送研究と調査」（月刊誌，NHK出版）に速報を兼ねて掲載されている．また，雑誌掲載の1月後には，NHKの公式ホームページ*で論文や調査の単純集計結果が公開されている．一般向けおよび，研究者向けには，NHKブックスとして毎回刊行されるほか，2008年には「日本人の意識」30周年記念の論文集（NHK放送文化研究所編，2008）が刊行されている．

＊http://www.nhk.or.jp/bunken/research/research_index.html

B. 抽出台帳がない場合のサンプリング

　2006年に「住民基本台帳法の一部を改正する法律」（改正住民基本台帳法）が施行され，「統計調査，世論調査，学術研究その他の調査研究のうち公益性が高いと認められるもの」以外の市場調査などでは，対象者抽出のために住民基本台帳を閲覧することが困難になった．したがって，民間企業が市場調査を訪問面接法や訪問留置法で実施する場合，調査地点に赴き，その場で調査対象者を抽出する方法をとらざるをえない．現在では抽出台帳を用いないサンプリングが日常的に行われているが，確立された方法はないのが現状である．ここでは，住宅地図を抽出枠としたサンプリング方法について具体的に述べる．

　なお，このようなサンプリング方法を「エリアサンプリング」と称することもあるが，この名称については，共通の認識をもたれていないのが現状である．台帳からのサンプリングが主流だった時代には，調査地点で割り当てられた属性（たとえば性別・年層別）の人に調査依頼をするクォータサンプリングのことを「エリアサンプリング」と称することも多かった．一方，最近では住宅地図を抽出枠に用い，調査地点，調査世帯，調査対象者のすべての段階を無作為に抽出する方法を「エリアサンプリング」と称することも多い．あるいは，調査対象者の抽出方法が無作為抽出か有意抽出かにかかわらず，調査地点に行って直接対象者を抽出する方法のことを「エリアサンプリング」と認識している人もいるであろう．住宅地図を抽出枠に用いる方法は，「住宅地図サンプリング」と称したほうが，具体的にイメージしやすいと思われる．いずれにしても，台帳を使用しないサンプリング方法が確立されれば，その方法を表す名称も共通に認識されるのかもしれない（最近の研究の参考として，鄭，2007；JMRA，2007；氏家，2010）．

B.1　調査地点の抽出

　調査地点に関しては，台帳からのサンプリングと同じ手続きで抽出することができる．地点の単位としては国勢調査区，投票区，町丁目などがある．地点の単位に国勢調査区や投票区を用いる場合は，住宅地図上でその範囲を確定させておく必要がある．町丁目を用いる場合は，住宅地図上で境界がはっきりしているので新たな作業は発生しない．この後住宅地図を用いて世帯を抽出するという手続きが入るので，作業効率の面から見れば，地点の単位には町丁目を用いるほうが適している．

B.2　世帯の抽出

　世帯の抽出には住宅地図を用いる．住宅地図には紙媒体と電子媒体がある．抽出作業は電子媒体の住宅地図を用いたほうが簡単に行える．

　電子媒体の住宅地図の場合，通常の地図表示だけでなく，リスト形式のデータを合

わせもつ．このリストは番地順に並べられているので，台帳のように「何軒おきに抽出」ということが可能である．起点となる世帯を定め，系統抽出で必要数の調査世帯を抽出する．なお，集合住宅はおおむね一部屋ごとにリスト化されているので，一戸建も含めて同じインターバルで抽出することができる．リストで抽出した結果を地図上にプロットして，調査世帯を確定する．

　紙媒体の住宅地図で抽出する場合，まず，まわり方のルールを作成しなければならない．起点となる世帯とインターバルが決まっていても，「次にどうまわるか」が明確でなければ，抽出員によってまったく違う世帯を選ぶ可能性もある．その点は電子媒体の住宅地図に比べて煩雑であるし，手間もかかる．まわり方のルールが決まったら，そのルールに基づいて必要数の調査世帯を抽出し，地図上にプロットして，調査世帯を確定する．

　電子媒体の住宅地図のほうが抽出に優れていることは事実であるが，購入には高額な費用がかかる．調査の回数があまり多くないのであれば，紙媒体の住宅地図を使うことが現実的である．

　住宅地図では氏名が記載された建物，名字のみが記載された建物，無記載の建物がある．これは地図を作成する際の調査員の観察調査に基づいている．したがって，無記載であっても「居住者がいない」とは限らない．反対に住宅地図上に居住者の名前が記載されていても，実際に訪問してみると，誰も住んでいなかったり，他の居住者がいたりする場合がある．また，建物自体がなくなっていたり，数軒の一戸建てが一つの集合住宅に変わっていたりすることもある．居住者情報の有無にかかわらず，世帯抽出は使用する住宅地図に記載されている住居に対して行われるものである．

　この「世帯」の意味は，厳密には地図上に記載された「住居」である．たとえば地図上で「山田さん」の家が抽出されて，実際に現地に行ってみて「田中さん」が住んでいたとしたら，「田中さん」の家の対象年齢の人（のうちの1人）が調査対象になる．それは抽出の仮定で「山田○○さん」を対象に選んでいるのではなく，「△△町△丁目△-△」という住所の家を対象に選んでいるからである．したがって，地図上で居住者の名字の記載がない住居に関しても，実際に訪ねて行って対象年齢の人の居住が確認できればその家は対象世帯となる．

　地図上に居住者名が記載された建物のみを調査対象世帯とする考え方もあるが，集合住宅は一戸建てに比べて居住者名の記載率が低いため，調査対象世帯になりにくくなる．この方法は，サンプリング段階で歪みを生じさせることにつながるので，調査精度の面で望ましいとはいえない．

B.3　個人の抽出

　地点と世帯は調査に先立って抽出を行う．この点は台帳からのサンプリングと同じである．その後，抽出された世帯の中から調査相手を抽出するには実際に世帯を訪問し，該当者に協力依頼を行わなければならない．すなわちサンプリングと調査協力依頼を並行して行うことになる．

　調査相手は1世帯に1人である．調査には対象者の該当年齢が定められているので，

まずその該当年齢の人がいるかどうかを確認する必要がある．たとえば20〜69歳が対象の調査の場合，抽出された世帯が70歳以上の夫婦2人暮らしや19歳の1人暮らしの場合は対象外となってしまう．台帳からのサンプリングの場合，生年月日がわかっているのでこのようなロスは生じないが，台帳がないサンプリングの場合，実際に訪ねてみなければどのような年代の人が住んでいるかがわからないので，このようなロスを生じるのである．

対象年齢の人が1人しかいない場合は，無条件にその人が調査対象者となる．複数いた場合はその中の1人を選ばなければならない．それは世帯の人の意思で決めてもらうものではなく，調査主体（実際の作業者は調査員）がルールに基づいて選ぶものである．世帯の中から1人を抽出する方法は，誕生日法，キッシュ（Kish）法，ランダム法などがある．

誕生日法は基準日を設定して，一番最近誕生日を迎えた人を対象とする方法（last birthday）と，これから一番早く誕生日がくる人を対象とする方法（next birthday）に分けられる．キッシュ法は世帯の該当人数と年齢の上から何番目の人が対象となるかのマトリックス表を使用する方法である．ランダム法は該当人数以下の乱数を発生させて対象者を抽出する方法である．

個人を抽出する方法は他にもあるが，ベストな方法が確立されているわけではない．どの方法を用いるにしても，調査世帯のかたが理解しやすく不信感をいだかないように，調査員の説明の仕方に工夫が必要である．

B.4　ウェイト集計と回収率

このサンプリング方法は調査世帯が等確率で抽出されるが，調査対象者の抽出確率はその世帯の該当人数によって異なる．個人の抽出確率を補正するためにはウェイト集計が必要である．しかし，世帯人数（必ずしも該当者人数とは一致しない）によって調査への協力率が異なるという点を考慮する必要がある．たとえば，若い単身世帯は調査時間内に会えないことが多く，大人数の世帯に比べ調査に協力してもらえる割合が低くなりがちである．ウェイト集計が必ずしも調査データの精度を高めることにつながらない場合があることを踏まえたうえで，ウェイト集計を実施するか否かを検討すべきである．

台帳からのサンプリングにおいても，台帳の不備により挨拶状が戻ってくる場合や，訪問しても家が見つからない場合がある．このような調査対象も回収率算出の際には分母に入れている．同様に考えるなら，地図の不備があったとしても，最初の抽出世帯数を分母にして回収率を計算するほうが自然である．「地図の不備」や「該当年齢者なし」を分母から除外すれば，見た目の回収率は上昇するが，そのことにあまり意味はない．調査概要に回収率だけを提示するのではなく，不能内訳を詳細に記載するほうが読む人に重要な情報を与えることができるはずである．

B.5　調査協力依頼

あらかじめ調査相手が決まっている台帳からのサンプリングと比べて，住宅地図サ

ンプリングの場合は調査協力依頼に工夫が求められる．

　課題の一つ目は，協力依頼状（挨拶状）である．住宅地図上に名字が記載されている場合もあるが，とくに集合住宅の場合，部屋数がわかるだけで居住者の名字がわからないことも多い．そのような状況のもとでは事前に協力依頼状を郵送することはできない．では，協力依頼状を事前に配布する必要はないのだろうか？　調査相手の抽出にはわかりにくい部分もあるので，できれば事前にそれらの情報を与えておくほうが望ましい．配布の方法としては自宅郵便受けへの直接投函になるが，配布相手が決まっている郵便物と比べると，目を通してもらえる可能性は低いであろう．したがって「いかに目を通してもらうか」の工夫が必要である．

　課題の二つ目は，調査世帯の応対者への説明である．世帯を訪問して最初に応対する人が調査相手になるとは限らない．しかも台帳からのサンプリングとは違って，その時点で「○○さんに調査をお願いしたいのですが…．」と言うこともできない．対象者を抽出する手続きにおいて，この応対者が重要な役割を担う．応対者に調査の趣旨及び対象者抽出の手続きを理解してもらわないことには，協力依頼に進むことはできない．世帯の応対者が玄関に出てきてくれて直接話ができればいいのだが，インターホンを通しての説明になることも多い．その際まわりくどい説明では話を聞いてもらえない可能性が高くなるので，効果的な応対者への説明の仕方を研究していく必要がある．

C. 調査実施計画

社会調査の実施には，企画・資料検討・調査設計・プリテスト・サンプリング・調査実施・集計・結果報告の各段階がある．これらの作業は，並列して進行する．

企画から報告までの期間を十分にとることが，調査を実のあるものにする第一の要件である．しかし，即時性を要求される場合には，きわめて短期間に調査を行う必要もある．いずれの場合も，企画から報告までの一連の作業について，事前に実施計画を十分に検討することが肝要である．

C.1 調査実施計画の検討項目

実施計画に際して，次にあげる9項目について検討する必要がある．

(1) 調査の目的
・この調査によって，何を知りたいのか．
・既存の研究・調査で明らかになっているものは何々であり，今回は何を明らかにしたいのか．
・調査結果を何に利用するのか．

(2) 調査の内容
・調査で明らかにする（できる）領域は何か．
・領域相互の関係（全体の枠組）を，どう位置づけるか．
・領域ごとにどのような調査事項を選択するか．
・領域ごとに質問量をどのように配分するか．
・質問形式・質問文・回答選択肢・質問の配列順などをどうするか．
・調査結果をどのように分析するつもりか．

(3) 調査対象
・調査の対象は，世帯か個人か．
・調査地域の範囲は，全国かある特定地域か．
・調査対象の範囲を，男女・年齢・職業などで特定するか，否か．

(4) 調査相手の抽出
・前記の調査対象からの抽出にふさわしい抽出台帳はあるか．
・サンプル数をどのくらいにするのが調査目的から考えて妥当か．
・摘出方法をどうするか．
・段階抽出をするのか，それは2段か3段か．
・層別抽出はどうするか．
・だれが抽出するか．

(5) 調査方式
・どの調査方式がふさわしいか（どの調査方式なら実行可能か）．

- プリテストをどうするか.
- 調査員への指示など，調査実施の管理をどうするか.
- 調査回収の方法や記入内容の検収をどうするか.

  (6)　集計・分析方法
- どのような集計・分析結果（単純集計・クロス集計・要因分析）を出すのか.
- 利用できる統計分析パッケージ・プログラムがあるか.

  (7)　調査機関
- 自分たちで調査をするのか（メンバーは何人いるか，その人たちの時間的余裕は，能力は）.
- どこか調査機関に委託するのか．その機関を選択する基準は何か.

  (8)　調査時期・調査日程
- いつまでに報告するのか．調査目的からみて，何月ごろがふさわしいか.
- 何日間で調査するか．何曜日がよいか.

  (9)　調査経費
- 調査経費はどのくらいか．経費算出の根拠は…

　上記9項目のうち，(1)～(6)項目については，第1～10章までに詳述したので，ここでは自前で調査する場合と，調査機関に委託する場合とに分けて，(8)調査時期・日程，(9)調査経費，とについて考えてみよう.

　なお社会調査は，調査の実施にかける経費の比重が大きく，もし，経費節減を図るとすれば，この部分になる．しかし，むやみに経費を安くすることは，質の悪い調査になる危険をはらんでいる．質のよい調査を期待するには，調査の実施での手抜きは許されない.

C.2　自前で調査を実施する場合

　調査の規模や，当該の組織の構成や経験の有無によって，調査実施の状況は大きく異なり，一概にはいえないが，おおよその目安として例をあげる.

1)　調査日程の一例

　プリテストを含めて質問文確定までの期間は一様でない．1年も2年もかかって検討するものもあれば，もっと短いのもある.

　さて，質問文が確定してから（p31参照），すぐにサンプリングを開始する．調査の実施までは最低3か月はかかる．調査の実施後，調査票の回収・点検・集計を行い，結果の概要報告までは，調査の規模などによっても変わるが，おおよそ調査実施後2～8週間程度かかる．その後，報告書を発行したり，分析結果を本にしたりする.

2)　調査経費の考え方

　調査にあたっては，企画・サンプリング・実施・集計・分析報告の各段階でさまざまの費用が支出される．その項目を列挙すると次のようになる．なお，ここには，調査の企画・組織・集計にたずさわる人たちの人件費は含まれていない.

C. 調査実施計画　　　*177*

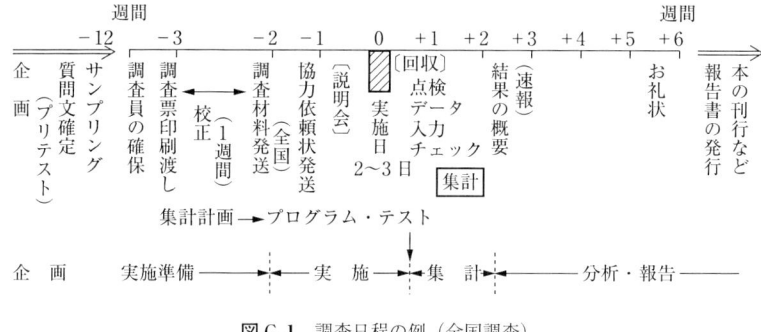

```
週間                                                    週間
 -12      -3  -2  -1   0  +1 +2 +3    +4 +5 +6
企　サ　　調　調　調　協　〔説明会〕　結　　　お　　本
画　ン　　査　査　査　力　回収　　速　果　　礼　　の
　　プ　　員　票　材　依　点検　　報　の　　状　　刊
　　リ　　の　印　料　頼　データ　　概　　　　　　行
　　ン　　確　刷　発　状　入力　　　要　　　　　　な
　　グ　　保　渡　送　発　チェック　　　　　　　　ど
　　質　　　　し　（全国）送　実施日　　　　　　　報
　　問　　　　　校　　　　2～3日　集計　　　　　　告
　　文　　　　　正　（1週間）　　　　　　　　　　書
　　確　　　　　　　　　　　　　　　　　　　　　　の
　　定　　　　　　　　　　　　　　　　　　　　　　発
　　（プリテスト）　　　　　　　　　　　　　　　　行

　　　　　　　　集計計画→プログラム・テスト

企　画　　実施準備　　　実　施　　集計　　分析・報告
```

図 C.1　調査日程の例（全国調査）

(1) 企画：
　企画打合せ，企画相談者への謝礼
(2) サンプリング：
　調査地点の自治体へ抽出申請経費（書類作成，郵送費など），調査相手抽出経費（日当・宿泊・交通費，閲覧料），閲覧依頼状・調査相手一覧表などの抽出用紙の印刷費，抽出説明会の開催費
(3) 実施：
　調査協力依頼状・調査票・回答項目リスト・調査員の実施細目などの印刷費，調査協力依頼状の郵便代，調査相手への謝礼品代，調査員日当・宿泊・交通費，回収点検要員の日当・交通費，電話料，調査説明会開催費
(4) 集計：
　調査データの作成費，集計プログラムの作成料，計算機使用料
(5) 分析報告：
　結果報告書の印刷費，分析相談者への謝礼，結果報告書の送付郵便料

C.3　調査機関に委託する場合

　調査機関に委託して，調査を実施する場合の日程や経費について，おおよその目安を得るための考え方を提示しよう．

　調査機関における，調査計画の開始から，結果報告書の作成までの一連の作業の流れを図C.2に示す（本図は筆者の杉山が，以前にある調査機関に提示してもらったものである．たいていの調査に共通する流れが示されており，一部用語を修正してここに改めて掲げた）．

　経費の概算は「企画・実査・集計・分析・管理費」などといった費目に分かれて見積もられる．なお，調査経費そのものは，調査の規模や方式などによって多様である．また，プリテストがある場合には，その分，調査日数や調査経費も増えることになる．

　調査を委託する場合，「相乗り調査（オムニバス調査）」というものもある．オムニバス調査とは，調査会社が複数の依頼者を募集して行い，大量サンプルの調査

178　　　　　　　　　　　付　　録

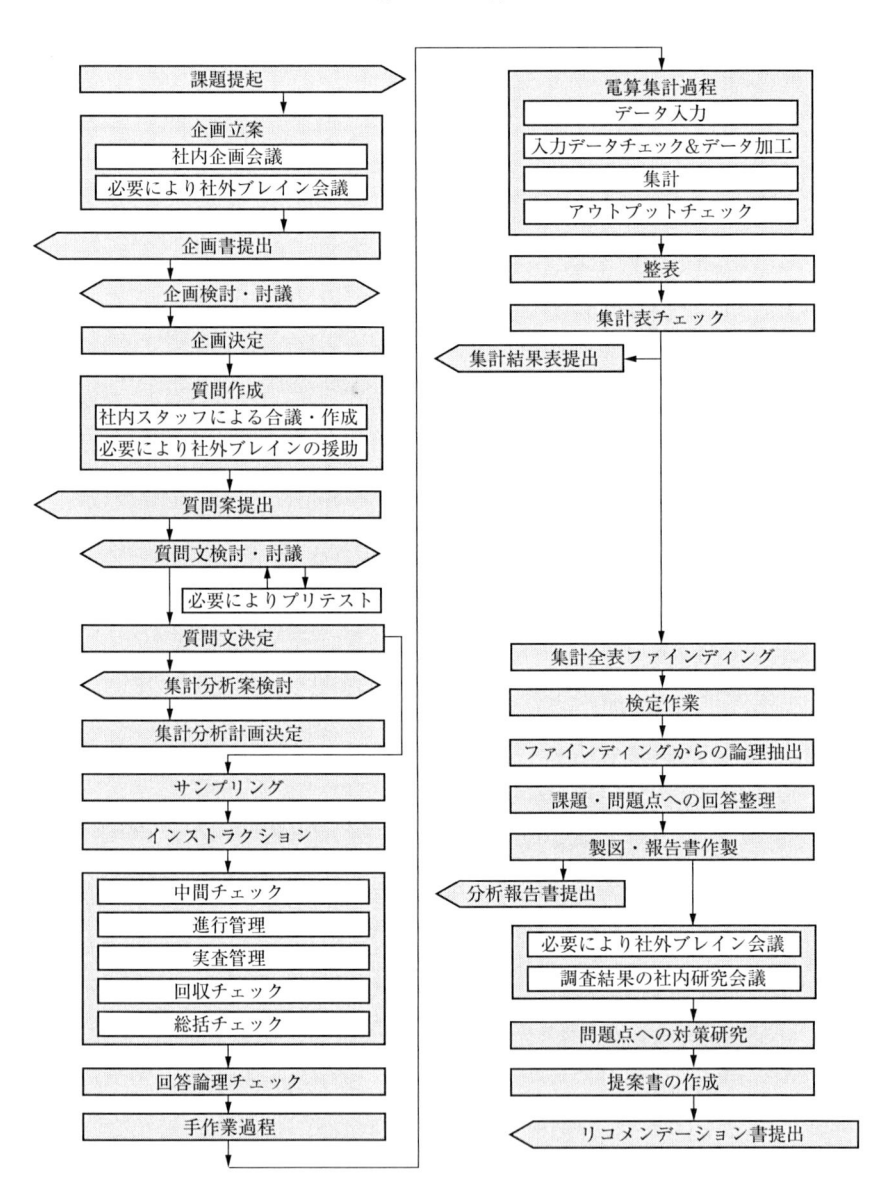

```
課題提起
  ↓
企画立案
  ├ 社内企画会議
  └ 必要により社外ブレイン会議
  ↓
企画書提出
  ↓
企画検討・討議
  ↓
企画決定
  ↓
質問作成
  ├ 社内スタッフによる合議・作成
  └ 必要により社外ブレインの援助
  ↓
質問案提出
  ↓
質問文検討・討議
  └ 必要によりプリテスト
  ↓
質問文決定
  ↓
集計分析案検討
  ↓
集計分析計画決定
  ↓
サンプリング
  ↓
インストラクション
  ↓
中間チェック
進行管理
実査管理
回収チェック
総括チェック
  ↓
回答論理チェック
  ↓
手作業過程
  ↓
電算集計過程
  ├ データ入力
  ├ 入力データチェック&データ加工
  ├ 集計
  └ アウトプットチェック
  ↓
整表
  ↓
集計表チェック
  ↓
集計結果表提出
  ↓
集計全表ファインディング
  ↓
検定作業
  ↓
ファインディングからの論理抽出
  ↓
課題・問題点への回答整理
  ↓
製図・報告書作製
  ↓
分析報告書提出
  ↓
必要により社外ブレイン会議
調査結果の社内研究会議
  ↓
問題点への対策研究
  ↓
提案書の作成
  ↓
リコメンデーション書提出
```

図 C.2　調査作業の進め方の例

を通例よりも比較的安い費用で実施することができる．

　たとえば，中央調査社の調査の場合，個人対象のオムニバス調査は毎月，住基オムニバス調査を年3回，全国を対象に実施しており，定期性がある．利用料金は質問数などに応じる（詳細は同社 HP などを参照のこと）．

　個人オムニバス（電子住宅地図）では，全国20歳以上の男女個人を母集団とし，層化3段無作為抽出法で4000人を抽出し，個人面接法で調査する．

　住民基本台帳から調査相手を抽出する住基オムニバス調査は，公表を前提とした調査に限り実施できる．全国の20歳以上の男女個人を母集団とし，層化2段無作為抽出法で2000人を抽出し，個人面接法で調査する．

文　　献

朝倉眞粧美（2005）：社会調査における無回答―項目無回答と回収率に関する研究動向―，社会学研究科年報，12, 35-48.
朝倉眞粧美（2006）：無回答の発生要因，社会学研究科年報，13, 41-54.
ウィルクス（著），田中英之・岩本誠一（訳）（1971）：数理統計学（増訂新版），東京図書.
上藤一郎・森本栄一・常包昌宏（2006）：調査と分析のための統計―社会・経済のデータサイエンス―，丸善.
氏家　豊（2007）：世論調査におけるサンプリング，エストレーラ，6月号.
氏家　豊（2010）：エリア・サンプリングの問題点，行動計量学，37（1），77-91.
氏家　豊・小野寺典子（1997）：無回答について，日本行動計量学会第25回大会抄録集，60-61
NHK放送世論調査所（編）（1979）：現代日本人の意識構造，日本放送出版協会.
NHK世論調査部（編）（1985）：現代日本人の意識構造　第2版，日本放送出版協会.
NHK世論調査部（編）（1991）：現代日本人の意識構造　第3版，日本放送出版協会.
NHK放送文化研究所 編（1996）．NHK世論調査事典　大空社.
NHK放送文化研究所（編）（1998）：現代日本人の意識構造　第4版，日本放送出版協会.
NHK放送文化研究所（編）（2000）：現代日本人の意識構造　第5版，日本放送出版協会.
NHK放送文化研究所（編）（2004）：現代日本人の意識構造　第6版，日本放送出版協会.
NHK放送文化研究所（編）（2008）：現代社会とメディア・家族・世代，新曜社.
NHK放送文化研究所（編）（2010）：現代日本人の意識構造　第7版，日本放送出版協会.
NHK放送文化研究所・世論調査部調査方式比較プロジェクト（2010）：世論調査における調査方式の比較研究：個人面接法，配付回収法，郵送法の2008年比較実験調査から，NHK放送文化研究所年報2010，105-175
大屋祐雪他（1979）：統計環境の実態にかんする調査報告書，文部省科研.
小野寺典子（1983）：二段抽出の精度―全国県民意識調査におけるサンプル精度―，放送研究と調査，昭和58年10月号.
小野寺典子（2007a）：世論調査における調査協力依頼状の改善―調査不能対策の一環として―，放送研究と調査，平成19年2月号.
小野寺典子（2007b）：世論調査における代替サンプル使用の問題点と検討，放送研究と調査，平成19年12月号.
風間大治・児島和人（1972）：日本人の意識指標策定のための第一次中間報告
風間大治・児島和人（1973）：日本人の意識の指標，調査計画（案）
北出修平（1982）：サンプリング手法の問題点と今後の課題，マーケティング・リサーチャー，No・26，日本マーケティング・リサーチ協会.
ギャラップ，G（著），二木宏二（訳）（1976）：ギャラップの世論調査入門，みき書房.
河野　啓・高橋幸市・原美和子（2009）：日本人の意識変化の35年の軌跡（1）（2），放送研究と調査，4，5月号.
河野　啓・原美和子（2010）．日韓をめぐる現在・過去・未来，放送研究と調査，平成22年11月号.

児島和人・斎藤賢治・脇谷遺弘・杉山明子 (1977)：個人面接法など4方式の実験調査―調査方式の比較研究―, NHK 放送世論調査所.
児島和人 (2005)：意識変動追跡調査の誕生と展開, 新情報, **93**, 26-31.
日本行動計量学会 (2002 / 2003)：特集 電話調査の精度 その1 / その2, 行動計量学, **29** (1) / **30** (1).
斎藤金一郎・浅井 晃 (1951)：標本調査の設計, 培風館.
サンプリング研究会 (杉山明子) (1970a)：サンプリングをめぐる諸問題 (1) サンプリング・インターバル, NHK 文研月報, 6月号.
サンプリング研究会 (杉山明子) (1970b)：サンプリングをめぐる諸問題 (2) 調査不能の実態とその調整の効果, NHK 文研月報, 7月号.
サンプリング研究会 (杉山明子) (1970c)：サンプリングをめぐる諸問題 (4) 二段抽出における偏りと精度, NHK 文研月報, 9月号
市町村自治研究会 (編) (2007)：住民基本台帳法令・通知集 平成19年版, ぎょうせい.
白石信子・原美和子・照井大輔 (2005), 日本人とテレビ・2005―テレビ視聴の現在―, 放送研究と調査, 平成17年8月号.
杉山明子 (1978)：サンプリング調査の理論と実際, NHK 放送世論調査所.
杉山明子 (1983)：無回答の分析―回答しにくい質問と回答しない人たち―, NHK 放送研究と調査, 昭和58年8月.
杉山明子 (1984)：カード乱数表の作成, 放送研究と調査, 昭和59年3月号
杉山明子・塙 融 (1973)：調査不能の研究1～3, NHK 文研月報.
杉山明子・調査方式研究会 (1977)：世論調査方式の比較研究, 日本統計学会報告.
杉山明子・NHK 放送世論調査所 (編) (1982)：日本人とアメリカ人, 日本放送出版協会.
杉山明子 (編) (1983)：日本の女性の生き方 日本人研究7, 出光書店.
杉山明子 (1996)：特集「社会調査の精度」にあたって, 行動計量学, **23** (1).
杉山明子 (2002)：世論調査にみる日本人の意識の変遷, 新情報, **86**.
杉山明子 (2003)：「電話調査の精度」の特集にあたって, 行動計量学, **30** (1), 71.
鈴木達三 (1976)：自記式調査法, 電話調査法と面接調査法の比較, 中央調査報, N0, 223, 224, 中央調査杜.
鈴木達三・高橋宏一 (1998)：標本調査法, 朝倉書店.
関根智子 (2007)：世論調査の有効率を向上させるために―「世論調査に関する調査」から―. 放送研究と調査, 11月号.
高月東一 (1972)：電話調査の効率について, 市場調査, **137**, 輿論科学協会.
高宮義雄 (1956)：聴取率調査の方法をめぐって, NHK 調査研究年報, 第 i 集.
高宮義雄・杉山明子 (1978a)：層別二段抽出のサンプル精度, NHK 放送文化研究所年報, 第23集.
高宮義雄・杉山明子 (1978b)：調査有効サンプルの精度―全国視聴率・宮城県沖地震調査―, NHK 文研月報, 11月号.
中央調査社 (1983)：郵送法の督促効果 (1)～(4), 中央調査報, N0-310～314.
鄭 躍軍 (2007)：抽出の枠がない場合の個人標本抽出の新しい試み―東京都における意識調査を例として―. 統計数理, **55** (2), 311-326.
豊川裕之・柳井晴夫 (1982)：医学・保健学の例題による統計学, 現代数学社.
内閣府編：世論調査年鑑―全国世論調査の現況― (各年版)
永田 靖 (1996)：統計的方法のしくみ―正しく理解するための30の急所―, 日科技連出版社.
日本世論調査協会 (1982)：日本世論調査協会倫理綱領, 日本世論調査協会報, 第50号.

西平重喜（1985）：統計調査法　改訂新版，培風館．
日本マーケティング・リサーチ協会（1977）：第1～5回住民基本台帳閲覧に関する実態調査．
日本マーケティング・リサーチ協会（1980）：特集　電話調査　マーケティング・リサーチャー，No. 16．
日本マーケティング・リサーチ協会（2007）：非名簿フレームによる無作為抽出法研究．
橋本昌児（1983）：対語式調査情報の検索，放送研究と調査，昭和58年3月号．
林知己夫（1951）：サンプリング調査はどう行うか，東京大学出版会．
林知己夫（1961）：調査の精度，統計数理研究所国民性調査委員会（編），日本人の国民性，至誠堂，pp. 392-394.
林知己夫（1984）：調査の科学―社会調査の考え方と方法―，講談社ブルーバックス．
林知己夫 編（2002）：社会調査ハンドブック，朝倉書店．
林　英夫（2006）：郵送調査法　増補版，関西大学出版部
林　文・山岡和枝（2002）：調査の実際―不完全なデータから何を読みとるか―，朝倉書店．
牧田徹雄（1999）：NHK「日本人の意識調査」，よろん（日本世論調査協会），84号：15-24．
松井　睦（1981）：何が変わったか，何を変えるのか，第4回被調査者の調査結果報告，マーケティング・リサーチャー，No. 19．
松田映二（2006）：最新郵送調査事情，朝日総研レポートAIR21，3月号．
松田映二（2008）：郵送調査の効用と可能性，行動計量学，**35**（1）．
宮武　修・中山　隆（1960）：モンテカルロ法，日刊工業新聞社．
三輪　哲・小林大祐（編）（2008）：2005年SSM日本調査の基礎分析―構造・趨勢・方法（2005年SSM調査シリーズ1）．
村瀬洋一・髙田　洋・廣瀬毅士（2007）：SPSSによる多変量解析，オーム社．
村田ひろ子・小野寺典子（2010）．郵送調査の回答傾向の特性―個人面接法による調査との比較から―，放送研究と調査，平成22年12月号．
諸藤絵美・平田明裕・荒牧　央（2010）．テレビ視聴とメディア利用の現在1―「日本人とテレビ・2010」調査から―，放送研究と調査，平成22年8月号．
安田三郎（1969）：社会統計学，丸善
安田三郎（1975）：電話調査法について，世論調査，1月号．
安田三郎（1976）：社会調査ハンドブック　新版　有斐閣．
山田一成（2010）．聞き方の技術―リサーチのための調査票作成―，日本経済新聞出版社
吉田　潤（1980/1981）：世論調査の質問文の検討（1）～（4），NHK文研月報．
吉野諒三（2009）：継続調査の課題と将来，社会と調査，第1号
吉見俊哉（2009）：ポスト戦後社会（シリーズ日本近現代史9），岩波新書
Billiet, J. & Loosveldt, G. (1988)：Improvement of the Quality of Responses to Factual Survey Questions by Interviewer Training, *Public Opinion Quarterly*, **52**(2), 190-211.
Rapoport, R. B. (1982)：Sex Differences in Attitude Expression: A Generational Explanation, *Public Opinion Quarterly*, **46**(1), 86-96.
Kish, L. (1965)：*Survey Sampling*. John Wiley & Sons.
Synodinos, N. E. & Ujiie, Y. (2001)：Don't know responses in Japanese surveys: Effects of question and respondent characteristics. Poster presented to the 56th AAPOR (American Association for Public Opinion Research) Annual Conference at Montreal, Canada：May 18, 2001.

文献

183

■**参考サイト**（本書内で言及したものを中心に）

（官公庁・団体）

全国世論調査の現況（内閣府）
　　　http://www8.cao.go.jp/survey/genkyou/h20/h19-genkyou/index.html
総務省統計局・政策統括官・統計研修所ホームページ　　http://www.stat.go.jp/
政府統計の総合窓口（e-Stat）　　http://www.e-stat.go.jp/SG1/estat/eStatTopPortal.do
財団法人 世論調査協会（機関誌「よろん」）　　http://wwwsoc.nii.ac.jp/japor/
一般社団法人 社会調査協会（機関誌「社会と調査」）　　http://jasr.or.jp/
社団法人 日本マーケティング・リサーチ協会（JMRA）（機関誌「マーケティング・リサーチャー」）
　　　http://www.jma2-jp.org/

（調査研究機関）

NHK 放送文化研究所　　http://www.nhk.or.jp/bunken/
　NHK の世論調査 http://www.nhk.or.jp/bunken/research/yoron/yoron/list_yoron1.html
　　＊各種世論調査，生活時間調査，日本人の意識調査などの調査結果を紹介．
統計数理研究所
　乱数ポータル　　http://random.ism.ac.jp/
　日本人の国民性調査　　http://www.ism.ac.jp/kokuminsei/index.html
　調査科学研究センター　　http://survey.ism.ac.jp/index.html
JGSS 研究（日本版総合的社会調査）センター（大阪商業大学）
　　　http://jgss.daishodai.ac.jp/introduction/int_messeage.html

（調査のデータアーカイブ）

読売新聞「世論調査・支持率」　　http://www.yomiuri.co.jp/feature/fe6100/
朝日新聞「世論調査」　　http://www.asahi.com/special/08003/
SSJ Data Archive（東京大学 社会科学研究所）　　http://ssjda.iss.u-tokyo.ac.jp/
SORD：社会・意識調査データベース（札幌学院大学　社会情報学部）
　　　http://su10.sgu.ac.jp/sord/
SRDQ：質問紙法に基づく社会調査データベース（大阪大学 人間科学部）
　　　http://srdq.hus.osaka-u.ac.jp/

索　引

欧　文

CATI　61
DK（率）　85
　　——の高い質問　88
　　——の低い質問　89
　　国と——　90
　　時制と——　88, 94
　　質問の形式と——　89
　　質問の領域と——　87
　　女性の——　91
　　調査テーマと——　87, 92
impersonal にきく　75
LA　78, 130
MA　77, 130
personal にきく　75
RDD　6, 61
SA　77
SSM 調査　167
Yes-tendency　75

ア　行

アフターコード方式　3, 129

意識構造　163
意識調査　1, 61, 88
一般的質問　76
インターバル　18, 47
　　——の小数点処理　19

ウェイト集計　173
ウェイトづきサンプリング　49

閲覧申出書　30, 32, 34
閲覧料　32
エリアサンプリング　171

オムニバス調査　177

カ　行

回収率　173
　　見せかけ上の——　62

改正住民基本台帳法　171
回答
　　——の形式　77
　　——のしにくい質問　87
　　——のタイプ　90
　　——のとり方　56
　　——の符号化　129
回答比率　138
確率比例抽出　21, 22
学歴　81
カード乱数　12

起床在宅率　54, 55
擬似乱数　11
キッシュ法　61, 173
ギャップ検定　13
協力依頼状　54, 96, 174
　　——の改善　118

クォータ法　138, 171
組合せ検定　13
クロス集計　136, 144, 153

継次検定　13
継続調査　71, 155, 166
系統抽出　18
　　——のサンプリング誤差　20
　　——の実際　47
　　——の問題点　20
経年変化　155
　　世代別の——　159
　　年層別の——　158
系列相関検定　13
検定　139
　　互いに独立な平均値の差の
　　　　——　143
限定回答　78

甲乙対比　80
肯定的回答　90
合同法　12
国勢調査　2

国民生活時間調査　3, 55, 166
国民性調査　166
個人情報保護法　29, 96, 104
個人調査　2
個人的質問　76
個人の定義　27
個人面接法　21, 53, 74, 95
　　——の短所　57
　　——の長所　57
コーディング　129, 131
答えやすい質問　73
個別記入法　→配付回収法

サ　行

サイコロ　9
3 桁乱数表　11
算術乱数　11
三段抽出　21
サンプリング　7, 50
　　抽出台帳がない場合の——
　　　　171
サンプリング誤差　3, 8, 14, 17,
　　35, 104, 138
　　系統抽出の——　20
　　層別抽出の——　24
　　二段抽出の——　23
　　パーセントの——　15, 18
　　平均値の——　14
　　無限母集団の——　15
サンプリング誤差式　16
サンプリング精度　24
サンプル　7, 149
　　——の偏り　24
　　——の検証　151
　　——の代表性　104
サンプル数　35
　　——の決め方　35
サンプル調査　2, 8, 139

自記式調査　58, 59
自記式の自由度　70
時系列調査　→継続調査

市場調査　1
実験調査　2
実態調査　59, 88
質問　56
　——の形式　74
　回答のしにくい——　86
　答えやすい——　73
　心理的に抵抗を感じる——
　　66, 68
　知識を聞く——　66, 68
質問紙　→調査票
質問数　72
質問文　73, 94
　——の作成　168
　わかりにくい——　74
指定サンプル　151
　——の歪み　64
社会階層と社会移動全国調査
　167
社会調査協会　103
社会調査の種類　1
社会的指標　81
社会的望ましさ　66
自由回答（自由記述）　80, 132
　——のコーディング　129
集計　128
住宅地図　171
住宅地図サンプリング　171
住民基本台帳　6, 27, 28, 29
　——の例　28
住民基本台帳閲覧の手続き　30
住民基本台帳の一部の写しの閲
　覧についての公益性の判断
　に関する基準　30
住民基本台帳法　29
住民票　→住民基本台帳
順序づけ回答　79, 131
職業　82
職業分類表　83
人口統計的指標　81
人口ピラミッド　3
信頼度　8, 14
心理的に抵抗を感じる質問　66,
　68
推定　7, 8, 14, 138
　パーセントの——　139
　平均値の——　140
数量化Ⅲ類　160, 161

正20面体サイコロ　9
世帯　1
　——の定義　26
　国勢調査の——　26
　住民票の——　27
選挙人名簿　27, 28, 33
　——の閲覧　33
　——の年齢範囲　35
世代　157, 163
全国調査　1, 43, 45
全国世論調査の現況　102
全数調査　2

層化　44
層化基準　24
　——の設定　45
層化無作為抽出法　45
相対的な解釈　73
層別抽出　23
　——のサンプリング誤差　24
属性　81
属性別の調査不能理由　114

タ　行

代替サンプル　50
代理記入　59, 69
互いに独立な平均値の差の検定
　146
多肢選択　77, 90, 130
多段抽出　21
多変量解析　128, 159
単一回答（選択）　77, 90, 130
段階選択　79
段階抽出　21
単純集計　134, 135, 152
単純ランダム・サンプリング
　18
誕生日法　61, 173

地域特性　43, 44
知識を聞く質問　66, 68
中間的選択肢　76
抽出　7
抽出台帳　116
　——と調査不能　116
　——の条件　27
抽出単位　26
中立的意見　79

調査
　——に回答しない人　90
　——の環境　101
　——の所要時間　72
　——の倫理規程　102, 103
　——の枠組　72
調査相手　7, 53, 56, 117
　——の協力　72
　——の属性　81
調査相手アンケート　69
調査相手一覧表　48
調査員　53, 94
　——と調査不能　116
　——の介在　54, 65
　——の管理　98
　——の条件　95
　——の不正・違反　101
　——への説明会　96, 117
調査員バイアス　57
調査機関の違いと調査結果　70
調査機関への委託　177
調査経費　57, 60, 62, 176
調査結果の調整　122
調査誤差　123
調査作業の進め方　178
調査実施監査　100
調査実施計画　175
調査所要時間　70
調査精度　104, 139
調査対象　7
調査地点数　46
　——の決め方　37
　——の割り当て　24
調査地点の最低数　39
調査日程　176
調査票　32, 52, 53, 56, 72
調査不能　85, 104, 149
　——と調査方式　85
　——のサンプル構成への影響
　　118
　——の対策　115
　——の調査結果への影響
　　121
　——の発生状況　107
　——の分類基準　111
　——の変遷　105
　——の理由　110
抽出台帳と——　116
調査相手の事情と——　117

索　引

調査員と—— 116
調査不能者の回答傾向 121
調査不能の理由と調査方式
　　112, 113
調査方式 1, 52, 107
　　——に関する実験調査 62
　　調査不能の理由と—— 112, 113
　　調査不能率と—— 84
調査有効率 105
　　男女別の—— 108
　　地域別の—— 109
　　年層別の—— 108

データクリーニング 133
データの作成 133
データの入力 133
データの分析 151
典型法 8
点検 99
電話調査　→電話法
電話番号簿 28, 29
電話法 52, 61
　　——の短所 62
　　——の長所 61

等確率 138
等確率抽出 21
統計調査 1
統計的推定 8
特定層調査 1
特定地域調査 1, 40
留置法　→配付回収法

ナ　行

内閣府（政府広報室） 73, 102, 103

二段抽出 21, 37
　　——の影響 38, 40
　　——のサンプリング誤差 23
日本人の意識調査 62, 155, 166
日本マーケティング・リサーチ
　　協会 103

日本世論調査協会 103

年齢 81

ハ　行

配付回収法 21, 58
　　——の短所 59
　　——の長所 58
パーセントの差の検定 142
　　ある層と残りの層との互いに
　　　独立な—— 144
　　互いに従属な—— 142
　　互いに独立な—— 142, 143
パーセントの推定 140

否定的回答 90
非標本誤差 124
標識 7
表側 134
表頭 134
標本誤差 124, 138
頻度検定 12

フェース・シート 81
複数回答　→多肢選択
物理乱数 11
プライバシー意識 96
プライバシーマーク 96
プリコード方式 3, 129
プリテスト 2, 176

平均値 138
　　——のサンプリング誤差 14
　　——の推定 141
平方採中法 11

報告書 147
　　——の体裁 147
　　——を書く 164
訪問計画 54
母集団 7, 14, 62, 138

マ　行

マスコミ 6

宮城県沖地震（調査） 40, 41

無回答 64, 94
　　——の発生 85, 93
　　——の分析 85
無限母集団 15, 16
　　——のサンプリング誤差 15
無作為抽出法 8
　　乱数表による—— 10

面接法　→個人面接法

ヤ　行

有為抽出法 8
有意な差 139
有権者名簿 27
有限母集団 15
有効サンプル 149, 151
郵送法 59
　　——の短所 60
　　——の長所 60

世論調査 1, 5
　　——の範囲 5
世論調査に関する調査 102

ラ　行

乱数
　　——の検定 12
　　——の再現性 11
乱数サイ 9
ランダム・サンプリング法 8
ランダム・ディジット・ダイア
　　リング 61
ランダム法 173

連の検定 13

ワ　行

割当法 8, 138

編著者略歴

杉山明子(すぎやまめいこ)

1934 年　北海道に生まれる
1957 年　津田塾大学学芸学部数学科卒業
1957 年　日本放送協会入局
1988-2002 年　東京女子大学現代文化学部教授
　　　　　日本行動計量学会理事長（2000-2006 年）
　　　　　社会調査士認定機構副機構長（2003-2007 年）

社会調査の基本

定価はカバーに表示

2011 年 3 月 30 日　初版第 1 刷
2022 年 1 月 25 日　　第 5 刷

編著者　杉　山　明　子
発行者　朝　倉　誠　造
発行所　株式会社　朝　倉　書　店

東京都新宿区新小川町 6-29
郵便番号　162-8707
電　話　03(3260)0141
FAX　03(3260)0180
https://www.asakura.co.jp

〈検印省略〉

© 2011 〈無断複写・転載を禁ず〉　　新日本印刷・渡辺製本

ISBN 978-4-254-12186-5　C 3041　　Printed in Japan

JCOPY 〈出版者著作権管理機構　委託出版物〉

本書の無断複写は著作権法上での例外を除き禁じられています．複写される場合は，そのつど事前に，出版者著作権管理機構（電話 03-5244-5088, FAX 03-5244-5089, e-mail: info@jcopy.or.jp）の許諾を得てください．

好評の事典・辞典・ハンドブック

書名	著訳編者	判型・頁数
数学オリンピック事典	野口　廣 監修	B5判 864頁
コンピュータ代数ハンドブック	山本　慎ほか 訳	A5判 1040頁
和算の事典	山司勝則ほか 編	A5判 544頁
朝倉 数学ハンドブック［基礎編］	飯高　茂ほか 編	A5判 816頁
数学定数事典	一松　信 監訳	A5判 608頁
素数全書	和田秀男 監訳	A5判 640頁
数論＜未解決問題＞の事典	金光　滋 訳	A5判 448頁
数理統計学ハンドブック	豊田秀樹 監訳	A5判 784頁
統計データ科学事典	杉山高一ほか 編	B5判 788頁
統計分布ハンドブック（増補版）	蓑谷千凰彦 著	A5判 864頁
複雑系の事典	複雑系の事典編集委員会 編	A5判 448頁
医学統計学ハンドブック	宮原英夫ほか 編	A5判 720頁
応用数理計画ハンドブック	久保幹雄ほか 編	A5判 1376頁
医学統計学の事典	丹後俊郎ほか 編	A5判 472頁
現代物理数学ハンドブック	新井朝雄 著	A5判 736頁
図説ウェーブレット変換ハンドブック	新　誠一ほか 監訳	A5判 408頁
生産管理の事典	圓川隆夫ほか 編	B5判 752頁
サプライ・チェイン最適化ハンドブック	久保幹雄 著	B5判 520頁
計量経済学ハンドブック	蓑谷千凰彦ほか 編	A5判 1048頁
金融工学事典	木島正明ほか 編	A5判 1028頁
応用計量経済学ハンドブック	蓑谷千凰彦ほか 編	A5判 672頁

価格・概要等は小社ホームページをご覧ください．